Il mondo delle Criptovalute più capitalizzate

I MERCATI FINANZIARI
7

Il mondo delle criptovalute più capitalizzate

Adriano Nicosia

Il mondo delle Criptovalute più capitalizzate

Sviluppo dei contenuti: Adriano Nicosia
Progetto grafico e impaginazione: Ivana Riggi

Tutti i diritti sono riservati a norma di legge. Nessuna parte di questo libro può essere riprodotta con alcun mezzo senza l'autorizzazione scritta dell'Autore e dell'Editore. È espressamente vietato trasmettere ad altri il presente libro, né in formato cartaceo né elettronico, né per denaro né a titolo gratuito.

A chi abbraccia l'innovazione, a chi vede nelle sfide un'opportunità per evolversi, a chi non si ferma mai, ma continua a spingere i confini della tecnologia, esplorando nuove frontiere e costruendo soluzioni che plasmano il futuro.

*La mente è come un paracadute.
Funziona solo se si apre.*

Albert Einstein

Preambolo

Nel vasto e affascinante mondo delle criptovalute, dove l'innovazione e l'incertezza si intrecciano, c'è una crescente necessità di comprendere a fondo le tecnologie che alimentano questa rivoluzione digitale. Le blockchain e le monete virtuali non sono più un fenomeno di nicchia, ma un'opportunità concreta che continua a ridefinire il nostro modo di pensare alla finanza, alla privacy e al futuro stesso. Se da un lato la promessa di decentramento, trasparenza e velocità attrae milioni di investitori e sviluppatori, dall'altro ci sono sfide e complessità che possono intimorire anche i più esperti.

Questo libro nasce con l'intento di esplorare, analizzare e semplificare il mondo delle criptovalute e delle blockchain. Ogni capitolo offre uno sguardo approfondito su un progetto o una tecnologia chiave, fornendo non solo una comprensione teorica, ma anche una visione pratica di come questi strumenti stiano trasformando il panorama globale. Il mio obiettivo è accompagnarvi in questo viaggio, con la speranza che possiate non solo imparare, ma anche percepire l'entusiasmo che accompagna questo incredibile cambiamento.

Introduzione

Quando ho deciso di scrivere questo libro, non lo facevo con l'intento di presentare un semplice manuale tecnico, ma con la ferma convinzione che un cambiamento radicale stesse prendendo piede davanti ai nostri occhi. La nascita delle criptovalute e delle blockchain ha il potenziale di riscrivere le regole dell'economia globale, ma anche di creare nuove sfide e opportunità inaspettate. Da quando ho cominciato a esplorare questo mondo affascinante, ho visto crescere in me una passione che non solo ha alimentato il mio interesse, ma che mi ha spinto a comprendere le vere implicazioni di queste tecnologie.

Ogni capitolo di questo libro riflette un passo nel mio personale percorso di apprendimento e analisi. Dalle innovazioni di Ethereum, alla rivoluzione proposta da Algorand, fino alla visione audace di Cosmos, ogni criptovaluta discussa rappresenta un tassello fondamentale nel puzzle globale delle finanze digitali. Per quanto complesso e a volte oscuro, questo settore ha un'incredibile capacità di rendere comprensibile anche l'impossibile, e io ho cercato di trasmettere questo spirito in ogni pagina.

Non c'è dubbio che l'approccio che ogni singolo investitore, sviluppatore o appassionato adotta nei confronti di queste tecnologie determinerà il futuro. Ma per riuscire a orientarsi in questo panorama in continua evoluzione, è necessario comprendere le basi, le potenzialità e le sfide di ciascun progetto. Questo libro vuole essere un ponte tra chi si sta avvicinando a questo mondo e chi già lo conosce, una guida che unisce l'aspetto tecnico a quello umano, la teoria alla pratica, l'analisi alla riflessione personale. In fondo, ogni innovazione nasce da una visione, e sono certo che, come me, anche voi sarete ispirati a far parte di questa straordinaria evoluzione.

Adriano Nicosia

Prologo

Nel 2008, un'idea audace prese forma in un documento chiamato il "Whitepaper" di Bitcoin, firmato da un'entità misteriosa che rispondeva al nome di Satoshi Nakamoto. Questo scritto segnò l'inizio di una nuova era: quella della finanza decentralizzata. Quella che sembrava una semplice proposta, nel giro di pochi anni, avrebbe dato vita a un vero e proprio movimento globale, alimentato da tecnologie complesse ma incredibilmente potenti. Le criptovalute sono molto più di semplici monete digitali: sono l'artefice di una trasformazione economica che sfida il sistema bancario tradizionale, mettendo al centro l'individuo e il suo diritto all'autonomia finanziaria.

Oggi, il panorama delle criptovalute è in continua evoluzione. Dai pionieri come Bitcoin ed Ethereum ai progetti innovativi come Cosmos e Algorand, siamo testimoni di un mondo in cui le possibilità sembrano infinite. Eppure, nonostante il successo indiscutibile di alcune criptovalute, molte altre sono destinate a rimanere in ombra o addirittura a scomparire. Questo libro vuole essere una guida, un faro che illumina il cammino di chi desidera comprendere il presente e il futuro delle blockchain e delle criptovalute. Non si tratta solo di investire, ma di capire il potenziale trasformativo che queste tecnologie hanno sul nostro modo di vivere e interagire con il mondo.

Sommario

PREAMBOLO **6**

INTRODUZIONE **8**

PROLOGO **10**

BITCOIN, LA RIVOLUZIONE DELLA MONETA **25**

    UNA TECNOLOGIA CHE RISCRIVE LE REGOLE 25

    BITCOIN NELLA VITA QUOTIDIANA: VANTAGGI PER I PRIVATI 26

    UN'OPPORTUNITÀ PER LE IMPRESE 27

    UNA STORIA DI CRESCITA ESPLOSIVA 28

    SCOPO E FUNZIONE DI BITCOIN 29

    BITCOIN OGGI E DOMANI 30

    CAPITALIZZAZIONE DI MERCATO E CIRCOLANTE 31

    BITCOIN, SITO UFFICIALE 32

ETHEREUM: LA BLOCKCHAIN CHE PROGRAMMA IL FUTURO **33**

    ETHEREUM 2.0: IL CAMBIAMENTO EPOCALE 34

    UN ECOSISTEMA IN CONTINUA CRESCITA 35

    SCOPO E FUNZIONE DI ETHEREUM 36

    CAPITALIZZAZIONE DI MERCATO E CIRCOLANTE 37

    IL MIO PUNTO DI VISTA 38

    PER SAPERNE DI PIÙ 38

RIPPLE, LA CRIPTOVALUTA DELLE BANCHE **40**

    SCOPO E FUNZIONE DI RIPPLE 41

    CONTESTO STORICO E VISIONE DI MERCATO 43

    CAPITALIZZAZIONE DI MERCATO E CIRCOLANTE 44

    OPINIONE PERSONALE E RIFLESSIONE 44

    SITO UFFICIALE 45

TETHER (USDT): LA STABILITÀ AL SERVIZIO DELLE CRIPTOVALUTE 46

Approfondimento Tecnico 46
Scopo e Funzione 47
Contesto Storico e Visione di Mercato 47
Capitalizzazione di Mercato e Circolante 48
Confronto con Altre Stablecoin 48
Implicazioni Regolatorie 49
Opinione Personale e Riflessione 50
Informazioni Ufficiali 50

SOLANA (SOL): LA BLOCKCHAIN ALTA VELOCITÀ CHE SFIDA IL SETTORE 51

Approfondimento Tecnico 51
Scopo e Funzione 52
Contesto Storico e Visione di Mercato 53
Capitalizzazione di Mercato e Circolante 54
Confronto con Altre Blockchain ad Alte Prestazioni 54
Opinione Personale e Riflessione 55
Informazioni Ufficiali 56

BINANCE COIN (BNB): IL CUORE PULSANTE DI BINANCE .. 57

Approfondimento Tecnico 57
Scopo e Funzione 58
Contesto Storico e Visione di Mercato 59
Capitalizzazione di Mercato e Circolante 60
Opinione Personale e Riflessione 60
Sito ufficiale della cripto 61

DOGECOIN: LA CRIPTOVALUTA NATA PER SCHERZO, MA CON UN FUTURO DA COSTRUIRE 62

APPROFONDIMENTO TECNICO: COME FUNZIONA DOGECOIN 63
SCOPO E FUNZIONE DI DOGECOIN 64
CONTESTO STORICO E VISIONE DI MERCATO 65
CAPITALIZZAZIONE DI MERCATO E CIRCOLANTE 65
OPINIONE PERSONALE E RIFLESSIONE 66
SITO UFFICIALE 67

CARDANO, LA CRIPTOVALUTA DEGLI SCIENZIATI 68

APPROFONDIMENTO TECNICO 68
SCOPO E FUNZIONE 69
CAPITALIZZAZIONE DI MERCATO E CIRCOLANTE 70
OPINIONE PERSONALE E RIFLESSIONE 71
SITO UFFICIALE 71

USDC: LA STABLECOIN STABILE E SICURA 72

APPROFONDIMENTO TECNICO 72
SCOPO E FUNZIONE 73
CONTESTO STORICO E VISIONE DI MERCATO 74
CAPITALIZZAZIONE DI MERCATO E CIRCOLANTE 74
OPINIONE PERSONALE E RIFLESSIONE 75
SITO UFFICIALE 75

AVALANCHE: LA BLOCKCHAIN DEL FUTURO CON SCALABILITÀ E DECENTRALIZZAZIONE 76

APPROFONDIMENTO TECNICO 77
SCOPO E FUNZIONE 78
CONTESTO STORICO E VISIONE DI MERCATO 78
CAPITALIZZAZIONE DI MERCATO E CIRCOLANTE 79
OPINIONE PERSONALE E RIFLESSIONE 80
SITO UFFICIALE 80

TRON: LA RIVOLUZIONE DELLA BLOCKCHAIN PER L'INTRATTENIMENTO E OLTRE 81

Un Fondatore Visionario e un Team di Esperti 82
Un Ecosistema Decentralizzato per l'Industria dell'Intrattenimento 82
Capitalizzazione di Mercato e Circolante 83
Il Percorso di TRX: Dallo Sviluppo alla Maturità 84
Considerazioni Finali su TRON 84
Dati aggiornati e informazioni ufficiali 85

SHIBA INU: IL FENOMENO DELLE CRIPTOVALUTE "MEMECOIN" 86

Approfondimento Tecnico 86
Scopo e Funzione 87
Contesto Storico e Visione di Mercato 88
Capitalizzazione di Mercato e Circolante 89
Opinione Personale e Riflessione 90
Sito Ufficiale 91

TONCOIN (TON): UN PROGETTO DECENTRALIZZATO CON UNA VISIONE AMBIZIOSA 92

Approfondimento Tecnico 93
Scopo e Funzione 93
Contesto Storico e Visione di Mercato 94
Capitalizzazione di Mercato e Circolante 95
Capitalizzazione di Mercato 96
Opinione Personale e Riflessione 96
Sito Ufficiale 97

STELLAR LUMEN: LA CRIPTO DEI POVERI 98

Approfondimento Tecnico 99

SCOPO E FUNZIONE 100
CONTESTO STORICO E VISIONE DI MERCATO 100
CAPITALIZZAZIONE DI MERCATO E CIRCOLANTE 101
OPINIONE PERSONALE E RIFLESSIONE 102
SITO UFFICIALE 102

CHAINLINK: LA RISORSA DEI CONTRATTI INTELLIGENTI 104

APPROFONDIMENTO TECNICO 104
SCOPO E FUNZIONE 105
CONTESTO STORICO E VISIONE DI MERCATO 106
CAPITALIZZAZIONE DI MERCATO E CIRCOLANTE 106
OPINIONE PERSONALE E RIFLESSIONE 107
SITO UFFICIALE 108

POLKADOT: L'INNOVATIVA ARCHITETTURA MULTI-CHAIN PER L'INTEROPERABILITÀ BLOCKCHAIN 109

APPROFONDIMENTO TECNICO 109
SCOPO E FUNZIONE 110
CONTESTO STORICO E VISIONE DI MERCATO 111
CAPITALIZZAZIONE DI MERCATO E CIRCOLANTE 112
OPINIONE PERSONALE E RIFLESSIONE 112

HEDERA HBAR: L'INNOVAZIONE DEL LEDGER DISTRIBUITO E LA VELOCITÀ DELLE TRANSAZIONI 114

APPROFONDIMENTO TECNICO 114
SCOPO E FUNZIONE 115
CONTESTO STORICO E VISIONE DI MERCATO 116
CAPITALIZZAZIONE DI MERCATO E CIRCOLANTE 117
OPINIONE PERSONALE E RIFLESSIONE 117
SITO UFFICIALE 118

SUI: UNA NUOVA ERA PER LE BLOCKCHAIN 120

APPROFONDIMENTO TECNICO 120
SCOPO E FUNZIONE 121
CONTESTO STORICO E VISIONE DI MERCATO 122
CAPITALIZZAZIONE DI MERCATO E CIRCOLANTE 123
OPINIONE PERSONALE E RIFLESSIONE 123
SITO UFFICIALE 124

BITCOIN CASH (BCH): OLTRE IL BITCOIN TRADIZIONALE 125

APPROFONDIMENTO TECNICO (PER IL PUBBLICO ESPERTO) 125
SCOPO E FUNZIONE 126
CONTESTO STORICO E VISIONE DI MERCATO 127
CAPITALIZZAZIONE DI MERCATO E CIRCOLANTE 127
OPINIONE PERSONALE E RIFLESSIONE 128

LITECOIN: L'ARGENTO DIGITALE 130

INTRODUZIONE: ADATTA AI PRINCIPIANTI 130
APPROFONDIMENTO TECNICO: PER IL PUBBLICO ESPERTO 131
SCOPO E FUNZIONE 131
CONTESTO STORICO E VISIONE DI MERCATO 132
CAPITALIZZAZIONE DI MERCATO E CIRCOLANTE 133
OPINIONE PERSONALE E RIFLESSIONE 133
SITO UFFICIALE 134

NEAR PROTOCOL: LA NUOVA FRONTIERA DELLA BLOCKCHAIN SCALABILE E DECENTRALIZZATA 135

APPROFONDIMENTO TECNICO 135
SCOPO E FUNZIONE 136
CONTESTO STORICO E VISIONE DI MERCATO 137
CAPITALIZZAZIONE DI MERCATO E CIRCOLANTE 138

OPINIONE PERSONALE E RIFLESSIONE 139
SITO UFFICIALE 140

PEPE COIN: UNA CRIPTOVALUTA MEMETICA CON UN FUTURO PROMETTENTE **141**

APPROFONDIMENTO TECNICO 141
SCOPO E FUNZIONE 142
CONTESTO STORICO E VISIONE DI MERCATO 143
CAPITALIZZAZIONE DI MERCATO E CIRCOLANTE 143
OPINIONE PERSONALE E RIFLESSIONE 144
SITO UFFICIALE 145

UNISWAP, IL PIÙ GRANDE EXCHANGE DECENTRALIZZATO **146**

TOKEN UNI: GOVERNANCE E DISTRIBUZIONE 147
DISTRIBUZIONE DEI TOKEN UNI 148
CAPITALIZZAZIONE DI MERCATO E CIRCOLANTE 149
I VANTAGGI DI UNISWAP RISPETTO AGLI EXCHANGE TRADIZIONALI 150
IMPATTO E POTENZIALITÀ FUTURE 151
CONCLUSIONI PERSONALI 151
SITO UFFICIALE 152

UNUS SED LEO: IL PILASTRO DI BITFINEX NEL PANORAMA DELLE CRIPTOVALUTE **153**

APPROFONDIMENTO TECNICO 153
SCOPO E FUNZIONE 154
CONTESTO STORICO E VISIONE DI MERCATO 154
CAPITALIZZAZIONE DI MERCATO E CIRCOLANTE 155
OPINIONE PERSONALE E RIFLESSIONE 155
SITO UFFICIALE 156

APTOS (APT): LA BLOCKCHAIN SCALABILE DEL FUTURO – TECNOLOGIA, POTENZIALE E PROSPETTIVE DI MERCATO 157

APPROFONDIMENTO TECNICO 157
SCOPO E FUNZIONE 158
CONTESTO STORICO E VISIONE DI MERCATO 159
CAPITALIZZAZIONE DI MERCATO E CIRCOLANTE 160
OPINIONE PERSONALE E RIFLESSIONE 161
SITO UFFICIALE 162

INTERNET COMPUTER (ICP): LA RETE DEL FUTURO 163

APPROFONDIMENTO TECNICO 163
SCOPO E FUNZIONE 164
CONTESTO STORICO E VISIONE DI MERCATO 165
CAPITALIZZAZIONE DI MERCATO E CIRCOLANTE 165
OPINIONE PERSONALE E RIFLESSIONE 166
SITO UFFICIALE 167

POLYGON (POL): LA SOLUZIONE LAYER-2 PER ETHEREUM 168

APPROFONDIMENTO TECNICO 168
SCOPO E FUNZIONE 169
CONTESTO STORICO E VISIONE DI MERCATO 170
CAPITALIZZAZIONE DI MERCATO E CIRCOLANTE 171
OPINIONE PERSONALE E RIFLESSIONE 172
SITO UFFICIALE 173

DAI: LA STABLECOIN DECENTRALIZZATA CHE STA RIDISEGNANDO LA FINANZA DIGITALE 174

APPROFONDIMENTO TECNICO 174
SCOPO E FUNZIONE 175

CONTESTO STORICO E VISIONE DI MERCATO 175
CAPITALIZZAZIONE DI MERCATO E CIRCOLANTE 176
OPINIONE PERSONALE E RIFLESSIONE 177

CRONOS (CRO): LA BLOCKCHAIN CHE STA RIVOLUZIONANDO IL SETTORE DELLE CRIPTOVALUTE .179

APPROFONDIMENTO TECNICO 179
SCOPO E FUNZIONE 180
CONTESTO STORICO E VISIONE DI MERCATO 181
CAPITALIZZAZIONE DI MERCATO E CIRCOLANTE 182
OPINIONE PERSONALE E RIFLESSIONE 182
SITO UFFICIALE 183

VECHAIN: LA BLOCKCHAIN CHE RIVOLUZIONA L'AUTENTICITÀ E IL TRACCIAMENTO DEI PRODOTTI 185

APPROFONDIMENTO TECNICO 185
SCOPO E FUNZIONE 186
CONTESTO STORICO E VISIONE DI MERCATO 186
CAPITALIZZAZIONE DI MERCATO E CIRCOLANTE 187
OPINIONE PERSONALE E RIFLESSIONE 188
SITO UFFICIALE 188

ETHEREUM CLASSIC: IL CUSTODE DELL'ORIGINALE VISIONE DI ETHEREUM **189**

APPROFONDIMENTO TECNICO (PER IL PUBBLICO ESPERTO)...... 190
SCOPO E FUNZIONE 191
CONTESTO STORICO E VISIONE DI MERCATO 192
CAPITALIZZAZIONE DI MERCATO E CIRCOLANTE 193
OPINIONE PERSONALE E RIFLESSIONE 194
SITO UFFICIALE 195

BITTENSOR TAO: LA BLOCKCHAIN DECENTRALIZZATA PER L'INTELLIGENZA ARTIFICIALE **196**

- APPROFONDIMENTO TECNICO 197
- SCOPO E FUNZIONE 198
- CONTESTO STORICO E VISIONE DI MERCATO 199
- CAPITALIZZAZIONE DI MERCATO E CIRCOLANTE 200
- OPINIONE PERSONALE E RIFLESSIONE 201
- SITO UFFICIALE 202

FILECOIN (FIL): LA CRIPTOVALUTA PER IL CLOUD STORAGE DECENTRALIZZATO **203**

- APPROFONDIMENTO TECNICO 203
- SCOPO E FUNZIONE 205
- CONTESTO STORICO E VISIONE DI MERCATO 206
- CAPITALIZZAZIONE DI MERCATO E CIRCOLANTE 207
- OPINIONE PERSONALE E RIFLESSIONE 208
- SITO UFFICIALE 209

ARTIFICIAL SUPERINTELLIGENCE ALLIANCE (FET): UNA RIVOLUZIONE NELLA DECENTRALIZZAZIONE DELL'INTELLIGENZA ARTIFICIALE **210**

- APPROFONDIMENTO TECNICO 210
- SCOPO E FUNZIONE 212
- CONTESTO STORICO E VISIONE DI MERCATO 212
- CAPITALIZZAZIONE DI MERCATO E CIRCOLANTE 213
- OPINIONE PERSONALE E RIFLESSIONE 214

RENDER (RNDR): LA POTENZA DELLA COMPUTAZIONE DECENTRALIZZATA AL SERVIZIO DELLA CREATIVITÀ ... **216**

- APPROFONDIMENTO TECNICO 217
- SCOPO E FUNZIONE 218

- CONTESTO STORICO E VISIONE DI MERCATO 219
- CAPITALIZZAZIONE DI MERCATO E CIRCOLANTE 220
- OPINIONE PERSONALE E RIFLESSIONE 220
- SITO UFFICIALE 221

ARBITRUM (ARB): SCALABILITÀ E FUTURO DELLA BLOCKCHAIN SU ETHEREUM 223

- APPROFONDIMENTO TECNICO 224
- SCOPO E FUNZIONE 225
- CONTESTO STORICO E VISIONE DI MERCATO 226
- CAPITALIZZAZIONE DI MERCATO E CIRCOLANTE 227
- OPINIONE PERSONALE E RIFLESSIONE 228
- SITO UFFICIALE 229

ALGORAND (ALGO): LA BLOCKCHAIN SCALABILE PER IL FUTURO DELLA FINANZA 230

- APPROFONDIMENTO TECNICO 230
- SCOPO E FUNZIONE 231
- CONTESTO STORICO E VISIONE DI MERCATO 232
- CAPITALIZZAZIONE DI MERCATO E CIRCOLANTE 233
- OPINIONE PERSONALE E RIFLESSIONE 234
- SITO UFFICIALE 235

KASPA (KAS): INNOVAZIONE E VELOCITÀ NELLA BLOCKCHAIN DEL FUTURO 236

- APPROFONDIMENTO TECNICO 236
- SCOPO E FUNZIONE 237
- CONTESTO STORICO E VISIONE DI MERCATO 238
- CAPITALIZZAZIONE DI MERCATO E CIRCOLANTE 239
- OPINIONE PERSONALE E RIFLESSIONE 239
- SITO UFFICIALE 240

STACKS (STX): BLOCKCHAIN DI SECONDO LIVELLO PER BITCOIN **241**

    APPROFONDIMENTO TECNICO 241
    SCOPO E FUNZIONE 242
    CONTESTO STORICO E VISIONE DI MERCATO 243
    CAPITALIZZAZIONE DI MERCATO E CIRCOLANTE 244
    OPINIONE PERSONALE E RIFLESSIONE 245
    SITO UFFICIALE 245

COSMOS (ATOM): UN SISTEMA DECENTRALIZZATO PER L'INTEROPERABILITÀ BLOCKCHAIN **246**

    APPROFONDIMENTO TECNICO 246
    SCOPO E FUNZIONE 247
    CONTESTO STORICO E VISIONE DI MERCATO 248
    CAPITALIZZAZIONE DI MERCATO E CIRCOLANTE 249
    OPINIONE PERSONALE E RIFLESSIONE 250
    SITO UFFICIALE 251

FONTI BIBLIOGRAFICHE E RIFERIMENTI **252**

EPILOGO **253**

ABOUT THE AUTHOR **255**

COLLANA "I MERCATI FINANZIARI" **257**

BOOKS BY THIS AUTHOR **260**

Il mondo delle Criptovalute più capitalizzate

Bitcoin, la rivoluzione della moneta

Nel 2009, quando il mondo si leccava ancora le ferite della crisi finanziaria globale, un'entità anonima conosciuta come Satoshi Nakamoto introdusse il Bitcoin, cambiando per sempre la percezione del denaro. Non si trattava soltanto di una nuova moneta, ma di un'idea rivoluzionaria: un sistema di pagamento decentralizzato, libero da intermediari e ancorato esclusivamente alla fiducia degli utenti e alla trasparenza della tecnologia.

A differenza delle valute tradizionali, il Bitcoin non dipende da una banca centrale, né da complessi meccanismi finanziari. Con una fornitura limitata a 21 milioni di unità, è progettato per essere immune all'inflazione dilagante che spesso colpisce le monete fiat. È un sistema che parla di scarsità, trasparenza e, soprattutto, di libertà.

Una tecnologia che riscrive le regole

Al cuore del Bitcoin c'è la blockchain, un registro digitale distribuito in cui ogni transazione è pubblicamente verificabile e permanentemente archiviata. Immagina un libro contabile, ma accessibile a tutti e impossibile da manomettere. Questo sistema non richiede fiducia in un'autorità centrale, perché la fiducia è insita nella tecnologia stessa.

Un esempio pratico? Ogni volta che un blocco di transazioni viene aggiunto alla catena, i computer che partecipano al network lavorano per verificare la validità dei dati. Non esistono "uomini dietro le quinte" che decidono cosa è lecito e cosa no: è la rete stessa, con il suo protocollo matematico, a fare da garante.

Bitcoin nella vita quotidiana: vantaggi per i privati

Il Bitcoin non è solo per gli esperti di tecnologia. Ecco perché è sempre più scelto da chi cerca un'alternativa semplice e sicura ai tradizionali sistemi di pagamento:

- **Transazioni rapide e intuitive**: con un semplice codice QR o un indirizzo digitale, puoi inviare e ricevere Bitcoin ovunque nel mondo in pochi minuti. Alcuni smartphone supportano la tecnologia NFC, rendendo i pagamenti ancora più immediati.

- **Sicurezza impareggiabile**: la crittografia avanzata protegge ogni transazione, garantendo che nessuno possa accedere ai tuoi fondi senza il tuo permesso.
- **Commissioni ridotte**: inviare denaro in Bitcoin costa molto meno rispetto ai metodi tradizionali, specialmente per trasferimenti internazionali.
- **Riservatezza**: le transazioni Bitcoin non richiedono dati personali, garantendo un alto livello di privacy.

Un'opportunità per le imprese

Anche il mondo delle aziende sta scoprendo il potenziale del Bitcoin. Accettare questa criptovaluta non è solo un gesto innovativo, ma una scelta strategica:

- **Costi ridotti**: le commissioni sono basse, rendendo il Bitcoin un'alternativa economica ai circuiti di carte di credito.
- **Transazioni sicure e irreversibili**: eliminano il rischio di chargeback, semplificando la gestione finanziaria.

- **Attrazione di nuovi clienti**: adottare Bitcoin può migliorare la visibilità e attirare una clientela giovane e tecnologicamente avanzata.
- **Trasparenza finanziaria**: le aziende che pubblicano il loro indirizzo Bitcoin consentono a dipendenti e partner di monitorare il bilancio e le transazioni in tempo reale.

Una storia di crescita esplosiva

Il Bitcoin ha conosciuto momenti di crescita che hanno fatto la storia:
- **2009**: il primo tasso di cambio registrato valuta 1.309 Bitcoin un dollaro.
- **2013**: per la prima volta, il valore del Bitcoin supera i 1.000 dollari.
- **2017**: in un'esplosione senza precedenti, il prezzo raggiunge i 20.000 dollari.

Questi picchi non sono casuali, ma il risultato di un meccanismo interno chiamato **halving**, un evento che si verifica ogni quattro anni e riduce i premi dei miner, controllando l'emissione di nuovi Bitcoin. Gli halving del 2012 e del 2016 hanno portato a incrementi significativi nel valore della criptovaluta.

L'ultimo, avvenuto nel 2020, ha ulteriormente consolidato la scarsità del Bitcoin, spingendo il suo prezzo verso nuovi record.

Scopo e Funzione di Bitcoin

Bitcoin è nato nel 2008, come risposta alla crisi finanziaria globale, con l'obiettivo di creare una valuta digitale **decentralizzata**, che non fosse controllata da alcuna autorità centrale, come una banca o un governo. Il suo scopo principale è quello di permettere transazioni finanziarie sicure e peer-to-peer, bypassando gli intermediari tradizionali. Bitcoin offre una forma di **denaro digitale** che può essere utilizzata per pagamenti e trasferimenti internazionali senza la necessità di una terza parte.

La sua funzione principale, quindi, è quella di agire come una **moneta** alternativa, che può essere utilizzata per trasferire valore, sia in ambito commerciale che come riserva di valore, spesso vista come un "bene rifugio". Inoltre, grazie alla sua blockchain, Bitcoin offre una **tracciabilità pubblica e sicura**, garantendo che ogni transazione sia verificata in modo trasparente da una rete distribuita di nodi.

In sostanza, Bitcoin è la **prima criptovaluta decentralizzata** che ha posto le basi per l'intero ecosistema delle criptovalute, cambiando il modo in cui concepiamo il denaro e i sistemi finanziari.

Bitcoin oggi e domani

Attualmente, il Bitcoin è la moneta di riferimento per tutto l'ecosistema delle criptovalute. Prima di acquistare o scambiare altre valute digitali, è spesso necessario possedere Bitcoin, il che ne rafforza ulteriormente il valore.

Con più di 14.000 attività commerciali che lo accettano nel mondo (700 delle quali in Italia), il Bitcoin non è più un fenomeno di nicchia. Tra i settori più attivi spiccano l'informatica, la ristorazione e il turismo. Milano, Roma e Trento guidano la classifica delle città italiane dove il Bitcoin è più diffuso.

E il futuro? Con il prossimo halving previsto per il 2024, la scarsità programmata del Bitcoin potrebbe portare a nuovi aumenti di valore. La domanda che ogni investitore dovrebbe porsi è: "Sono pronto a cogliere questa opportunità?"

Capitalizzazione di mercato e Circolante

Bitcoin ha un'offerta massima limitata a 21 milioni di monete, una caratteristica fondamentale che influisce sulla sua scarsità e, di conseguenza, sul suo valore. Al momento, sono in circolazione circa 19,5 milioni di Bitcoin, con la restante parte che verrà estratta nei decenni successivi. L'ultimo Bitcoin, infatti, è previsto per essere minato intorno all'anno 2140.

La capitalizzazione di mercato di Bitcoin è attualmente una delle più alte nel panorama delle criptovalute. Se prendiamo ad esempio il valore di Bitcoin attuale, che si aggira intorno ai 30.000 dollari (dato aggiornato a dicembre 2024), la sua capitalizzazione di mercato supera i 585 miliardi di dollari. Questo lo rende la criptovaluta con la capitalizzazione più alta, un indicatore della sua posizione dominante nel mercato globale.

La scarsità programmata di Bitcoin, unita all'aumento della domanda nel tempo, contribuisce a renderlo un asset ricercato e considerato un "bene rifugio" da molti investitori, similmente all'oro. Questo, combinato con il suo protocollo decentralizzato e la crescente adozione da parte di istituzioni finanziarie, continua a rafforzare la sua importanza come valuta digitale.

Bitcoin, sito ufficiale

Il sito ufficiale di Bitcoin è *https://bitcoin.org*.

Questo è il sito che fornisce informazioni ufficiali sulla criptovaluta, sulla sua tecnologia, e su come utilizzarla. È anche una risorsa importante per chi desidera approfondire il whitepaper di Bitcoin e ottenere supporto su come partecipare alla rete.

Ethereum: la blockchain che programma il futuro

Nel 2014, in un mondo ancora dominato dal Bitcoin, Ethereum nasce come risposta visionaria a una domanda fondamentale: cosa accadrebbe se la blockchain potesse fare molto più che trasferire valore? Vitalik Buterin, allora ventenne, immagina una piattaforma capace di ospitare applicazioni decentralizzate, costruite su contratti intelligenti. Con il supporto di un crowdfunding innovativo, raccoglie 18,4 milioni di dollari e trasforma questa idea in realtà. Ethereum non è solo una criptovaluta; è un ecosistema.

A differenza di Bitcoin, che si focalizza sulla funzione di riserva di valore e mezzo di scambio, Ethereum si propone come una "blockchain programmabile". Con la sua Ethereum Virtual Machine (EVM), gli sviluppatori possono costruire applicazioni che vanno oltre le transazioni finanziarie, offrendo soluzioni per settori come finanza decentralizzata (DeFi), giochi, arte digitale e molto altro.

Ma cosa rende davvero unico Ethereum? La sua natura decentralizzata. Nessuna società o autorità centrale lo controlla. Il protocollo è gestito da una comunità globale che include sviluppatori, ricercatori e utenti ordinari. Questa collaborazione ha permesso a Ethereum di diventare la blockchain più attiva e versatile al mondo.

Ethereum 2.0: il cambiamento epocale

Negli ultimi anni, Ethereum ha intrapreso una trasformazione radicale con il passaggio a Ethereum 2.0, un aggiornamento che introduce il meccanismo di consenso Proof of Stake (PoS). Questa evoluzione non è solo tecnologica, ma anche ecologica: riduce il consumo energetico della rete del 99%, rendendola più sostenibile.

Grazie a Ethereum 2.0, la piattaforma è diventata più scalabile, supportando un numero maggiore di transazioni al secondo e riducendo le commissioni per gli utenti. Questo aggiornamento, noto come "The Merge", ha segnato un punto di svolta nella storia della blockchain, dimostrando che l'innovazione può andare di pari passo con la sostenibilità.

Oltre ai miglioramenti tecnici, Ethereum ha mantenuto la sua promessa di programmabilità.

Applicazioni come Uniswap, un exchange decentralizzato, o OpenSea, il principale marketplace per NFT, sono esempi tangibili di come Ethereum stia plasmando il futuro digitale.

Un ecosistema in continua crescita

La storia di Ethereum è segnata da una crescita straordinaria. Lanciata a un prezzo di emissione di 0,30 dollari per Ether, la criptovaluta ha raggiunto i suoi massimi storici sopra i 4.800 dollari nel novembre 2021. Questo successo riflette non solo l'adozione da parte degli investitori, ma anche l'utilità della piattaforma stessa.

A partire da settembre 2016, quando l'ETH era quotato a pochi centesimi, Ethereum ha attraversato una fase di crescita inarrestabile, culminata nel boom del 2017 e successivamente consolidata con il suo sviluppo tecnologico. Oggi, Ethereum rimane la seconda criptovaluta più capitalizzata al mondo, seconda solo a Bitcoin.

Scopo e Funzione di Ethereum

Ethereum è nato con l'obiettivo di andare oltre il concetto di valuta digitale, proponendo una piattaforma che consente la creazione e l'esecuzione di **smart contracts** (contratti intelligenti). Questi contratti sono programmi autonomi che si autoeseguono quando vengono soddisfatte determinate condizioni, senza bisogno di intermediari. L'idea alla base di Ethereum è stata quella di creare una blockchain programmabile che permettesse di costruire applicazioni decentralizzate (dApp) su larga scala.

A differenza di Bitcoin, che si concentra principalmente sul trasferimento di valore, Ethereum consente la creazione di una vasta gamma di applicazioni, dai servizi finanziari decentralizzati (DeFi) ai mercati di NFT (token non fungibili), senza dover fare affidamento su un'autorità centrale. La sua funzione, quindi, è quella di essere una piattaforma di sviluppo aperta, che non solo consente di trasferire valore, ma permette anche di innovare, creando soluzioni completamente nuove in ambito digitale, dalla finanza alla gestione dei dati e oltre.

Capitalizzazione di mercato e Circolante

Ethereum ha una dinamica di circolazione differente rispetto a Bitcoin. Non essendo limitato a un numero massimo di monete come nel caso del Bitcoin, Ethereum non ha un'offerta fissa. Tuttavia, la sua offerta totale è determinata attraverso meccanismi di inflazione, con un tasso annuale che attualmente si attesta intorno al 0,5% (dato aggiornato a dicembre 2024). La quantità di Ethereum in circolazione ha superato i 120 milioni di ETH, e questo numero continuerà a crescere nel tempo.

La capitalizzazione di mercato di Ethereum è attualmente tra le più alte del settore delle criptovalute, seconda solo a Bitcoin. Con un prezzo medio di circa 1.800 dollari per ETH a dicembre 2024, la sua capitalizzazione supera i 216 miliardi di dollari. Questo lo conferma come uno degli asset digitali più rilevanti, supportato da un ampio ecosistema di applicazioni decentralizzate (dApp), finanza decentralizzata (DeFi), e smart contract.

L'introduzione di Ethereum 2.0 e il passaggio al sistema Proof of Stake (PoS) nel 2022 hanno comportato una riduzione dell'inflazione di ETH e una maggiore sicurezza e scalabilità della rete. Questi sviluppi hanno contribuito a rafforzare ulteriormente la posizione di Ethereum come una delle criptovalute più promettenti e adottate a livello globale.

Il mio punto di vista

Ethereum rappresenta molto più di una semplice innovazione tecnologica. È la dimostrazione di come una comunità possa unirsi per creare qualcosa di rivoluzionario. La sua capacità di combinare decentralizzazione, programmabilità e sostenibilità lo rende unico.

Personalmente, vedo Ethereum come il cuore pulsante di un'economia digitale in divenire, una piattaforma dove idee e progetti possono prendere vita senza intermediari, in totale trasparenza. Credo fermamente che il passaggio a Ethereum 2.0 abbia aperto le porte a un futuro ancora più promettente, dove efficienza e rispetto per l'ambiente convivono armoniosamente.

Per saperne di più

Se desideri esplorare questo universo, visita il sito ufficiale di Ethereum: *ethereum.org*. Qui troverai risorse per principianti, approfondimenti tecnici e la visione completa del progetto.

Ripple, la criptovaluta delle banche

Ripple è una criptovaluta che nasce negli Stati Uniti nel 2013, con un obiettivo chiaro: semplificare le transazioni internazionali e abbattere i costi legati alle conversioni di valuta. La piattaforma RippleNet si propone infatti di sostituire i sistemi bancari tradizionali, bypassando il dollaro come valuta centrale nelle transazioni internazionali. In questo modo, Ripple rappresenta una risposta diretta ai limiti e alle inefficienze dei metodi convenzionali di pagamento, come il trasferimento bancario SWIFT.

A differenza di molte criptovalute, Ripple è centralizzata: la gestione e l'operatività del progetto sono affidate alla società Ripple Labs. Questa caratteristica ne fa una delle poche criptovalute supportate dalle istituzioni finanziarie tradizionali. Ripple non si presenta quindi come una rete open-source, ma piuttosto come una piattaforma progettata per integrare il sistema bancario e semplificare i pagamenti transfrontalieri.

L'unità digitale utilizzata per le transazioni all'interno di RippleNet è XRP, che agisce come mezzo di scambio e riserva di valore. La sua funzione principale è quella di garantire la liquidità necessaria per effettuare pagamenti internazionali in modo rapido e a basso costo. XRP si distingue per la sua velocità nelle transazioni (2-5 secondi contro i circa 10 minuti di Bitcoin) e per l'elevata scalabilità, gestendo attualmente fino a 1.500 transazioni al secondo.

Il protocollo Ripple è stato sviluppato da OpenCoin, una società fondata da Chris Larsen e Jed McCaleb, con lo scopo di superare le difficoltà associate a Bitcoin, tra cui i lunghi tempi di conferma delle transazioni e i costi di intermediazione elevati. Con Ripple, le transazioni tra istituzioni finanziarie avvengono quasi istantaneamente, a costi notevolmente inferiori rispetto ai sistemi bancari tradizionali, offrendo anche la possibilità di scambiare diverse valute in modo fluido e senza interruzioni.

Scopo e funzione di Ripple

Ripple è stato progettato per risolvere specifiche problematiche nel settore delle transazioni internazionali. Uno dei principali obiettivi della rete è la riduzione dei costi di intermediazione, spesso troppo alti nei sistemi bancari tradizionali, soprattutto quando si effettuano pagamenti tra paesi con valute diverse. XRP serve da "ponte" tra le varie valute fiat, facilitando l'interscambio tra di esse in modo più economico e veloce.

Con l'adozione crescente da parte di banche, fornitori di pagamento e istituzioni finanziarie globali, Ripple sta ampliando la propria rete, RippleNet, permettendo alle aziende di effettuare pagamenti istantanei a livello internazionale. La piattaforma è già stata adottata da molteplici attori nel settore bancario, tra cui Unicredit, Santander, American Express, MoneyGram, MUFG e molti altri. Questa rete è in continua espansione, con oltre 200 clienti in tutto il mondo.

Inoltre, Ripple sta esplorando nuove soluzioni con l'integrazione della tecnologia dei contratti intelligenti tramite l'introduzione di nuove funzionalità nel proprio protocollo. Grazie alla capacità di adattarsi alle normative globali, come ISO 20022, Ripple si sta affermando come uno degli attori principali per il miglioramento dei pagamenti transfrontalieri.

Contesto Storico e Visione di Mercato

Il lancio di Ripple risale al 2013, quando il progetto venne fondato con l'intento di superare le difficoltà legate all'alto costo e alla lentezza dei pagamenti internazionali. La criptovaluta ha da subito attirato l'interesse di istituzioni finanziarie e ha iniziato a posizionarsi come una valida alternativa a Bitcoin e ad altre criptovalute, grazie alle sue caratteristiche distintive.

Ripple ha affrontato diverse sfide legate alla sua natura centralizzata e al suo modello di governance, ma ha continuato a crescere, con l'adozione di XRP da parte di un numero sempre maggiore di aziende. Negli ultimi anni, Ripple ha ottenuto il riconoscimento internazionale grazie alla sua capacità di risolvere problemi pratici nel mondo dei pagamenti globali, portando la criptovaluta ad essere considerata non solo una riserva di valore, ma una vera e propria soluzione per il sistema finanziario globale.

Capitalizzazione di Mercato e Circolante

Ripple ha una capitalizzazione di mercato tra le più alte tra le criptovalute. Attualmente, XRP è la quarta criptovaluta più capitalizzata al mondo, con una capitalizzazione che supera i 25 miliardi di dollari, a seconda delle fluttuazioni di mercato. La fornitura totale di XRP è stata fissata a 100 miliardi, ma una parte significativa di questa è conservata dalla Ripple Labs per evitare un'eccessiva inflazione.

Il circolante attuale di XRP è di circa 51 miliardi di token, che sono distribuiti tra istituzioni finanziarie, investitori e la società stessa. XRP non è minata come Bitcoin, ma è stato pre-emesso in un'unica fase, con Ripple Labs che gestisce la distribuzione. Questo approccio ha permesso un controllo maggiore sull'inflazione e sulla liquidità della moneta, ma ha anche suscitato discussioni riguardo alla centralizzazione del potere in mano a Ripple Labs.

Opinione Personale e Riflessione

Ripple rappresenta una delle criptovalute più promettenti nel panorama dei pagamenti internazionali. Il suo modello di business, che mira a integrare le banche e le istituzioni finanziarie nella blockchain, la differenzia da altre criptovalute che cercano di sfidare il sistema bancario tradizionale. La possibilità di effettuare transazioni istantanee e a basso costo è senza dubbio un vantaggio competitivo che continuerà ad attrarre l'attenzione dei principali attori del settore finanziario.

Tuttavia, la centralizzazione di Ripple e la gestione della sua offerta di XRP da parte di Ripple Labs sono aspetti che continuano a suscitare dubbi tra i puristi delle criptovalute, i quali preferiscono soluzioni decentralizzate. Nonostante ciò, il forte supporto istituzionale e l'adozione crescente da parte di banche di tutto il mondo fanno di Ripple una criptovaluta da monitorare con attenzione, soprattutto per coloro che cercano soluzioni pratiche e scalabili nel settore dei pagamenti transfrontalieri.

Sito Ufficiale

Per maggiori dettagli sul progetto Ripple, sulle sue innovazioni e sullo sviluppo di RippleNet, vi invitiamo a consultare il sito ufficiale: *Ripple.com*.

Tether (USDT): La Stabilità al Servizio delle Criptovalute

L'USDT, o Tether, rappresenta un'innovazione strategica nel panorama delle criptovalute. Come stablecoin, il suo scopo principale è garantire stabilità, mantenendo il valore ancorato al dollaro statunitense. Dalla sua introduzione nel 2014, Tether si è affermato come uno strumento essenziale per trader, investitori e aziende, grazie alla sua capacità di mitigare i rischi della volatilità tipici di questo settore.

Approfondimento Tecnico

Tether si distingue per il suo design unico, basato su un rapporto di 1:1 tra token emessi e riserve dichiarate. Secondo Tether Operations Limited, le riserve comprendono denaro contante, depositi bancari e strumenti finanziari liquidi.
Supporto Multi-blockchain
Tether è emesso su diverse blockchain, tra cui:
- Bitcoin (tramite Omni Layer),
- Ethereum (come token ERC-20),
- Tron (come token TRC-20),

- Solana e altre ancora.

Questa diversificazione garantisce trasferimenti rapidi e costi ridotti, posizionandolo come un'alternativa pratica ai sistemi bancari tradizionali.

Scopo e Funzione

Tether risponde a diverse esigenze pratiche nel mercato delle criptovalute:
- Gestione della Volatilità: Consente agli investitori di proteggere il valore dei loro fondi durante fasi turbolente del mercato.
- Trasferimenti Internazionali: Rende possibili scambi rapidi e a basso costo tra exchange.
- Strumento di Trading: È utilizzato come asset di base per operazioni su piattaforme di scambio, evitando conversioni frequenti in valute fiat.

Contesto Storico e Visione di Mercato

Tether è nato in un momento cruciale, quando il settore delle criptovalute richiedeva una soluzione stabile per bilanciare le oscillazioni del mercato. Sin dai primi anni, USDT ha dovuto affrontare controversie, specialmente riguardo alla trasparenza delle sue riserve e ai legami con Bitfinex, exchange associato a pratiche controverse.

Nonostante queste difficoltà, Tether è riuscito a preservare la fiducia degli utenti, implementando verifiche periodiche delle riserve e mantenendo aggiornamenti costanti sulle sue politiche di liquidità.

Capitalizzazione di Mercato e Circolante

USDT domina il mercato delle stablecoin, con una capitalizzazione che supera gli 83 miliardi di dollari e un volume di transazioni giornaliero tra i più alti nel settore. Al momento, sono in circolazione miliardi di token, regolati da processi di emissione e ritiro che rispondono alla domanda e offerta.

Confronto con Altre Stablecoin

A fianco di Tether, altre stablecoin come USDC (Circle) e DAI (MakerDAO) offrono alternative valide.

- USDC: Emissione più regolamentata e riserve certificate frequentemente da audit indipendenti, ma meno versatile in termini di supporto blockchain.
- DAI: Decentralizzata e sostenuta da collaterali cripto, è meno esposta a rischi legati a riserve fiat ma più complessa da gestire.

Questi confronti evidenziano come Tether mantenga un equilibrio unico tra utilità, accessibilità e scalabilità.

Implicazioni Regolatorie

La crescente attenzione delle autorità di regolamentazione globali alle stablecoin pone nuove sfide. Negli Stati Uniti, Tether è stato coinvolto in indagini sul potenziale uso improprio dei token per manipolare i mercati, con la Commodity Futures Trading Commission (CFTC) che ha richiesto maggiore chiarezza sui meccanismi di gestione delle riserve.

Opinione Personale e Riflessione

Tether rimane un pilastro del mondo cripto, essenziale per la stabilità e la flessibilità operativa. Tuttavia, la trasparenza sulle riserve è cruciale per consolidare la fiducia degli investitori. L'adozione consapevole di USDT richiede una piena comprensione dei suoi punti di forza e delle sue criticità.

Le stablecoin rappresentano il ponte tra finanza tradizionale e cripto, e Tether, nonostante le sfide, continua a essere leader nel settore. La sua resilienza dimostra il valore che offre, ma spinge a chiedere standard più elevati di trasparenza e governance.

Informazioni Ufficiali

Per approfondimenti e aggiornamenti, visita il sito ufficiale di Tether: *tether.to*.

Solana (SOL): La Blockchain alta velocità che sfida il settore

Solana è una piattaforma blockchain ad alte prestazioni progettata per affrontare le sfide di scalabilità e velocità che caratterizzano altre blockchain, come Bitcoin ed Ethereum. Fondata nel 2020 da Anatoly Yakovenko, la sua missione è quella di fornire una soluzione scalabile e veloce per supportare le applicazioni decentralizzate (dApp), le transazioni veloci e i contratti intelligenti, con costi significativamente ridotti rispetto ad altre blockchain.

Approfondimento Tecnico

Solana si distingue per l'utilizzo di un sistema innovativo di Proof-of-History (PoH), che consente di migliorare l'efficienza e la velocità delle transazioni rispetto ai tradizionali algoritmi di consenso, come il Proof-of-Work (PoW) di Bitcoin. PoH, in combinazione con il Tower BFT (Byzantine Fault Tolerance), ottimizza il processo di validazione delle transazioni, permettendo a Solana di elaborare oltre 50.000 transazioni al secondo, una velocità che la pone ben oltre molte altre blockchain.

L'architettura di Solana si basa su una rete distribuita di cluster di nodi, che permettono di gestire enormi volumi di dati in modo estremamente rapido. Inoltre, la piattaforma supporta contratti intelligenti attraverso il Solana Runtime, che consente l'esecuzione di applicazioni decentralizzate con un'efficienza senza pari.

Solana utilizza anche un meccanismo di Proof-of-Stake (PoS), dove i possessori di SOL possono partecipare alla sicurezza della rete attraverso il "staking" dei loro token. Questo meccanismo consente una governance più sostenibile e meno energivora rispetto a PoW.

Scopo e Funzione

Solana è progettata per affrontare una serie di sfide fondamentali nel settore delle criptovalute, principalmente la scalabilità e la velocità delle transazioni. Le sue principali applicazioni includono:

- **Finanza Decentralizzata (DeFi):** Solana ospita numerosi progetti DeFi come **Raydium**, **Serum** e **Saber**, che permettono operazioni finanziarie

veloci e a basso costo, tra cui scambi decentralizzati e prestiti.
- **NFT (Token Non Fungibili):** Solana è sempre più utilizzata nel mondo degli NFT, dove artisti e collezionisti traggono vantaggio dalla sua alta velocità e dai costi bassi di transazione.
- **Gaming:** Con il suo ecosistema ad alte prestazioni, Solana è anche una piattaforma ideale per i giochi decentralizzati (dGames), che beneficiano della sua scalabilità e delle transazioni rapide.

Contesto Storico e Visione di Mercato

Nata nel 2020, Solana è arrivata in un momento in cui le blockchain esistenti, come Ethereum, affrontavano crescenti sfide di congestione e costi elevati. Solana ha risposto a queste problematiche con una piattaforma ad alte prestazioni, attraendo velocemente una vasta comunità di sviluppatori, investitori e appassionati di blockchain.

Nonostante il rapido sviluppo, la blockchain ha affrontato alcune interruzioni nella sua rete e criticità legate alla centralizzazione della validazione.

Tuttavia, il team di Solana continua a lavorare su soluzioni per migliorare la robustezza e l'affidabilità della rete, con l'obiettivo di diventare una delle piattaforme più scalabili ed efficienti sul mercato.

Capitalizzazione di Mercato e Circolante

Solana ha visto un'espansione significativa della sua capitalizzazione di mercato, che ha superato i 10 miliardi di dollari. Con un volume di transazioni elevato, Solana è considerata una delle blockchain più promettenti. Il token nativo, SOL, gioca un ruolo cruciale nel sostenere l'intero ecosistema, con un ampio circolante che si adatta alla domanda crescente di partecipazione alla rete. Le risorse destinate al staking e alla governance della rete sono tra i principali motori della sua espansione.

Confronto con Altre Blockchain ad Alte Prestazioni

Nel panorama delle blockchain ad alte prestazioni, Solana si confronta direttamente con Ethereum e Avalanche. Mentre Ethereum è la blockchain più consolidata, soprattutto per il supporto a dApp e smart contract, soffre di congestione e costi elevati, aspetti che Solana ha affrontato con soluzioni innovative. A differenza di Ethereum, che utilizza Proof-of-Stake (PoS), Solana adotta PoH, che migliora notevolmente la velocità delle transazioni. Anche Avalanche offre un'alta velocità e scalabilità, ma Solana rimane più accessibile grazie ai costi di transazione inferiori.

Questa differenza nella progettazione delle reti e nei modelli di consenso pone Solana come un serio concorrente per Ethereum, soprattutto per chi cerca alte prestazioni a costi contenuti. Solana, con il suo approccio unico, è diventata una delle alternative più apprezzate nel mondo delle criptovalute.

Opinione Personale e Riflessione

Solana rappresenta un cambiamento significativo nel panorama delle blockchain. La sua capacità di risolvere i problemi di scalabilità e velocità è un vantaggio competitivo che la posiziona come una delle piattaforme più promettenti per applicazioni DeFi, NFT e giochi decentralizzati. Tuttavia, la rete deve affrontare sfide legate alla centralizzazione e alla sua resilienza. Nonostante le interruzioni della rete, Solana ha dimostrato una notevole capacità di recupero, facendo esperimenti e sviluppando nuove soluzioni tecnologiche.

Se da un lato Solana si sta imponendo come una blockchain potente, è essenziale tenere d'occhio il suo sviluppo continuo e le eventuali vulnerabilità che potrebbero emergere con l'aumento del traffico sulla rete.

Informazioni Ufficiali

Per rimanere aggiornati su tutte le novità e gli sviluppi di Solana, visita il sito ufficiale: *solana.com*.

Binance Coin (BNB): Il Cuore Pulsante di Binance

Binance Coin (BNB) è molto più di una semplice criptovaluta; è il motore che alimenta uno degli exchange più potenti al mondo, Binance. Fondato nel 2017 da Changpeng Zhao, BNB è emerso come token nativo dell'exchange, con un obiettivo chiaro: semplificare e incentivare le transazioni all'interno di un ecosistema in rapida crescita. Inizialmente basato sulla blockchain di Ethereum come token ERC-20, BNB ha dato vita a un'idea che avrebbe rivoluzionato il modo in cui operano gli exchange di criptovalute, promuovendo non solo una maggiore efficienza, ma anche un sistema di sconti e vantaggi esclusivi per gli utenti di Binance.

Approfondimento Tecnico

Nel suo cuore, Binance Coin è progettato per alimentare l'intera piattaforma Binance, dalla gestione delle commissioni alle operazioni d'acquisto. Con una supply limitata di 200 milioni di token, BNB è soggetto a un processo di "burning", che riduce progressivamente il numero di monete in circolazione, aumentando il valore di quelle rimanenti. Con il 20% degli utili trimestrali destinato al riacquisto e alla distruzione di BNB, Binance mira a ridurre la fornitura fino a raggiungere un massimo di 100 milioni di monete. Questo sistema garantisce un approccio deflazionistico che premia gli investitori a lungo termine.

Binance Coin è utilizzato principalmente per il pagamento delle commissioni di transazione sulla piattaforma Binance, ma non si limita solo a questo. Durante i primi anni di vita del token, gli utenti hanno beneficiato di uno sconto sulle commissioni, che è progressivamente diminuito nel tempo. Attualmente, BNB trova applicazione anche nei programmi di ICO tramite il Launchpad di Binance, dove i possessori di token possono partecipare a offerte esclusive e investire in progetti emergenti.

Scopo e Funzione

L'uso principale di Binance Coin è quello di ridurre i costi di transazione sulla piattaforma Binance. I possessori di BNB possono godere di sconti significativi, che possono arrivare fino al 50% nel primo anno, scendendo gradualmente nei successivi. Questo modello ha permesso a Binance di fidelizzare una base di utenti vasta e costante. BNB rappresenta anche uno strumento fondamentale per l'accesso a nuovi progetti e innovazioni, alimentando l'ecosistema con il suo utilizzo nelle ICO e nelle iniziative di crowdfunding.

Contesto Storico e Visione di Mercato

Lanciato a metà del 2017, Binance Coin ha beneficiato di un incredibile crescita, che ha visto il token raggiungere picchi di valore straordinari, specie tra la fine del 2017 e l'inizio del 2018. Nonostante una volatilità che ha caratterizzato anche BNB, il token ha dimostrato una resilienza notevole, grazie alla continua innovazione e al rafforzamento della piattaforma Binance, diventata rapidamente il più grande exchange di criptovalute al mondo. Oggi, con una capitalizzazione che supera i miliardi di dollari, Binance Coin si trova al centro di un ecosistema in continua espansione, pronto a diventare ancora più influente nel panorama delle criptovalute.

Capitalizzazione di Mercato e Circolante

Attualmente, BNB ha una capitalizzazione di mercato che supera i 60 miliardi di dollari, con un numero di token in circolazione che si attesta intorno ai 143 milioni, cifra che rappresenta una parte della fornitura totale di 200 milioni. Il meccanismo di "burning" di Binance è uno degli aspetti che contribuisce a garantire l'apprezzamento a lungo termine del token, riducendo l'offerta disponibile sul mercato e facendo aumentare, potenzialmente, il valore di ciascun token. Sebbene la funzione primaria di BNB rimanga legata all'ecosistema Binance, è possibile che nuove applicazioni siano sviluppate nel prossimo futuro.

Opinione Personale e Riflessione

Binance Coin si è evoluto da un semplice strumento per pagare commissioni a un asset chiave all'interno dell'intero ecosistema Binance. Seppur il suo utilizzo resti ancora principalmente ancorato all'exchange, le potenzialità di crescita sono enormi, e la continua riduzione della supply attraverso il "burning" crea le premesse per un incremento del valore nel lungo periodo. Binance, sotto la guida di Changpeng Zhao, continua a innovare e a rafforzare la sua posizione nel mercato delle criptovalute, e BNB potrebbe giocare un ruolo sempre più importante nei progetti futuri.

Sito ufficiale della cripto

Per maggiori informazioni su Binance Coin e le sue applicazioni, visita il sito ufficiale di Binance: *binance.com*.

Dogecoin: La Criptovaluta Nata per Scherzo, ma con un Futuro da Costruire

Dogecoin, simbolo DOGE, è una delle criptovalute più curiose e affascinanti del panorama cripto. Nata nel 2013 da un'idea di Jackson Palmer, project manager di Adobe, e Billy Markus, un ingegnere software, Dogecoin è cresciuta inizialmente come una satira nei confronti del Bitcoin. I due fondatori non avevano intenzioni di creare una criptovaluta seria, ma solo di divertirsi con un meme che all'epoca impazzava su internet: lo Shiba Inu, una razza di cane giapponese. Inizialmente concepito come un progetto scherzoso, Dogecoin ha conquistato la sua posizione nel mondo delle criptovalute in modo inaspettato.

Nonostante le sue origini ironiche, Dogecoin ha guadagnato popolarità grazie alla sua comunità attiva e alle sue caratteristiche distintive, come una bassa commissione di transazione e l'accessibilità. Oggi, Dogecoin è molto più di un meme: è una criptovaluta che viene utilizzata in vari contesti sociali e finanziari, e il suo valore ha visto un crescente interesse soprattutto grazie al supporto di figure pubbliche e alla sua presenza in numerosi eventi sponsorizzati.

Approfondimento Tecnico: Come Funziona Dogecoin

Dal punto di vista tecnico, Dogecoin è simile a Litecoin, con il quale condivide l'algoritmo crittografico Scrypt e il sistema di consenso Proof of Work (PoW). Questo significa che i miner di Dogecoin risolvono problemi complessi per convalidare le transazioni sulla rete e ricevere ricompense in DOGE. A differenza di Bitcoin, tuttavia, Dogecoin è una criptovaluta inflazionistica. Sebbene il suo stock massimo sia stato inizialmente fissato a 100 miliardi di unità, una volta raggiunta questa soglia, ogni anno verranno emessi solo 10.000 nuovi DOGE per blocco. Questo la rende una cripto con emissione infinita, ma con una crescita limitata.

Uno degli aspetti più attraenti di Dogecoin è la velocità delle sue transazioni, che avvengono in media ogni minuto. Questo rende Dogecoin una valuta utile per i pagamenti veloci e a basso costo. Tuttavia, il mining di Dogecoin non è conveniente se fatto tramite un PC da casa, a causa dei costi elevati dell'elettricità rispetto al valore della moneta. Per questo motivo, molti utenti ricorrono al cloud mining o ottengono DOGE attraverso i cosiddetti faucet o siti GPT, che permettono di guadagnare DOGE gratuitamente.

Scopo e Funzione di Dogecoin

Il principale scopo di Dogecoin è quello di essere una valuta per micropagamenti e per transazioni rapide e a basso costo. Sebbene non abbia una missione specifica come altre criptovalute (ad esempio Bitcoin o Ethereum), Dogecoin è diventato un mezzo per raccogliere fondi per cause sociali e per finanziare iniziative divertenti. La comunità ha anche utilizzato Dogecoin per fare donazioni a progetti umanitari, come la costruzione di una rete idrica in Kenya e il supporto alla nazionale di bob giamaicana per le Olimpiadi Invernali.

Contesto Storico e Visione di Mercato

Nonostante il suo inizio come "cripto scherzo", Dogecoin ha attratto l'attenzione del pubblico, in parte grazie all'umorismo legato al suo meme di base, ma anche per la sua capacità di rispondere ad una domanda di transazioni rapide e a basso costo. La criptovaluta ha trovato spazio in una nicchia di mercato che non era completamente coperta da altre monete come Bitcoin o Ethereum, che tendono ad avere costi di transazione più elevati. L'aspetto comunitario di Dogecoin ha anche contribuito al suo successo, con gli utenti che hanno trovato nella moneta un modo per "ricompensarsi" a vicenda, sia tramite donazioni che attraverso il supporto di progetti sociali.

Capitalizzazione di Mercato e Circolante

Al momento, Dogecoin ha un'attivo circolante di circa 120 miliardi di DOGE, con una capitalizzazione di mercato che si aggira intorno ai 426 milioni di dollari. Nonostante il suo status di "cripto scherzo", Dogecoin è diventata una delle criptovalute più capitalizzate, attualmente al 30° posto nel ranking globale. La sua offerta infinita e l'inflazione controllata, sebbene a lungo termine possano sembrare un punto di debolezza, hanno reso Dogecoin una criptovaluta accessibile, che continua a essere utilizzata per piccole transazioni quotidiane e scambi.

Opinione Personale e Riflessione

Dogecoin ha saputo distinguersi in un panorama cripto affollato grazie alla sua unicità e al forte supporto della sua comunità. Anche se le sue origini ironiche potrebbero far pensare a una valuta poco seria, il suo impatto nel mondo delle criptovalute è innegabile. Dogecoin ha una funzione ben precisa nel mercato: offre un'alternativa economica e rapida per le transazioni, e il suo continuo sostegno da parte della comunità ne garantisce la crescita. Tuttavia, il futuro di Dogecoin dipenderà da come la rete evolverà e come riuscirà a differenziarsi ulteriormente da altre criptovalute. L'introduzione di nuove funzionalità e la crescente adozione potrebbero aiutarla a mantenere la sua posizione, ma dovrà affrontare la concorrenza di altre monete più strutturate e mature.

Sito ufficiale

Dogecoin, con la sua natura inflazionistica e la sua comunità attiva, continua a essere una criptovaluta di grande interesse, non solo per gli investitori, ma anche per coloro che cercano un mezzo di pagamento veloce e a basso costo. La sua popolarità tra i sostenitori del social good e gli utenti di Reddit è un indicatore di come una moneta possa superare le aspettative iniziali e diventare una risorsa concreta per le transazioni quotidiane.

Per maggiori dettagli, è possibile consultare il *https://dogecoin.com*.

Cardano, la criptovaluta degli scienziati

Cardano (simbolo ADA) rappresenta una delle criptovalute più innovative e scientificamente solide nel panorama blockchain. Nata con l'obiettivo di unire i punti di forza di Bitcoin (deposito di valore), Litecoin (transazioni rapide ed economiche), ed Ethereum (smart contract), Cardano punta a offrire una soluzione scalabile, sicura ed eco-sostenibile. Emessa per la prima volta il 2 ottobre 2017 al prezzo iniziale di 0,0026 dollari, è supportata da una visione ben definita che la rende unica tra le concorrenti.

Approfondimento Tecnico

Cardano si distingue per la sua architettura basata su principi scientifici rigorosi e una ricerca accademica approfondita. La blockchain utilizza Ouroboros, un algoritmo di consenso Proof of Stake (PoS) altamente innovativo e il primo a essere formalmente provato sicuro. Questa tecnologia consente una drastica riduzione del consumo energetico rispetto ai sistemi Proof of Work, rendendo Cardano una delle criptovalute più eco-friendly. La piattaforma supporta l'implementazione di smart contract tramite il linguaggio Plutus e punta a risolvere tre problemi chiave del settore blockchain: scalabilità, interoperabilità e sostenibilità.

- Scalabilità: Con un approccio modulare e l'utilizzo della tecnologia RINA (Recursive Inter-Network Architecture), Cardano mira a supportare milioni di transazioni al secondo.
- Interoperabilità: L'obiettivo è facilitare la comunicazione tra diverse blockchain e sistemi finanziari tradizionali.
- Sostenibilità: Cardano prevede un sistema di finanziamento autonomo per lo sviluppo continuo della rete.

Scopo e Funzione

La visione alla base di Cardano è ambiziosa: creare una piattaforma decentralizzata che possa essere utilizzata non solo per scopi finanziari, ma anche per applicazioni sociali e commerciali. Gli sviluppatori intendono fornire strumenti per identità digitale, accesso al credito e un portafoglio universale per la gestione delle criptovalute e delle valute fiat.
Contesto Storico e Visione di Mercato

Cardano nasce dalla mente di Charles Hoskinson, uno dei co-fondatori di Ethereum, e da Jeremy Wood, sotto l'egida della società IOHK (Input Output Hong Kong). La sua missione è applicare standard di ingegneria tipici di settori critici, come l'aerospaziale, al mondo delle criptovalute. Le tappe di sviluppo del progetto sono rappresentate dalla sua roadmap, che prende il nome di celebri poeti: Byron, Shelley, Goguen, Basho e Voltaire. Attualmente ci troviamo nella fase Goguen, che si concentra sull'integrazione degli smart contract.

Capitalizzazione di Mercato e Circolante

Al momento, Cardano ha una capitalizzazione di mercato di circa 12,5 miliardi di dollari, posizionandosi tra le principali criptovalute globali. Il circolante disponibile ammonta a circa 35 miliardi di ADA, su una fornitura massima di 45 miliardi di unità, che garantisce un margine per ulteriori emissioni controllate nel tempo. Questo dato evidenzia il già avanzato stato di distribuzione della moneta, pari a circa il 77% del totale previsto.

Opinione Personale e Riflessione

Cardano rappresenta una delle soluzioni più promettenti e complete nel panorama blockchain. La sua attenzione alla sostenibilità, la solidità tecnica e il supporto di una comunità scientifica qualificata la rendono un progetto con una visione a lungo termine. Tuttavia, l'effettiva realizzazione delle sue ambiziose promesse dipenderà dall'implementazione tecnica e dalla capacità di attrarre sviluppatori e aziende che ne sfruttino le potenzialità.

Sito Ufficiale

Per maggiori informazioni su Cardano, inclusi i dettagli tecnici e la roadmap aggiornata, è possibile consultare il sito ufficiale: *cardano.org*.

USDC: la stablecoin stabile e sicura

Nel mondo delle criptovalute, le stablecoin svolgono un ruolo fondamentale per chi desidera un asset meno volatile rispetto ai tradizionali bitcoin o ethereum. Una delle stablecoin più conosciute e apprezzate è USDC (USD Coin), che è strettamente legata al dollaro americano. Questa moneta è progettata per mantenere un valore stabile, pari a un dollaro per ogni USDC emesso, ed è utilizzata principalmente per transazioni rapide, sicure e a basso costo. Creata da Centre, un consorzio che include società come Circle e Coinbase, USDC si distingue anche per la sua trasparenza, grazie alla pubblicazione periodica delle riserve in dollari che la coprono.

Approfondimento Tecnico

USDC è basata su una tecnologia blockchain che garantisce transazioni sicure e veloci. La moneta utilizza la blockchain di Ethereum, ma è anche compatibile con altre piattaforme come Solana, Algorand e Stellar, grazie alla sua interoperabilità. Essendo una stablecoin, USDC non è soggetta alle fluttuazioni di mercato tipiche delle criptovalute più tradizionali, ma è ancorata al valore del dollaro attraverso riserve reali. Ogni USDC è supportata da un corrispondente dollaro detenuto in riserva, monitorato e attestato da audit esterni. Questo meccanismo di riserva è fondamentale per garantire la stabilità e la fiducia nell'uso di questa criptovaluta.

Scopo e funzione

Lo scopo principale di USDC è quello di fungere da ponte tra il mondo delle criptovalute e quello tradizionale, offrendo un'alternativa alle valute fiat per le transazioni digitali. Viene utilizzato da traders, investitori e aziende come mezzo per spostare valore rapidamente e senza la necessità di conversione in valute tradizionali. Inoltre, USDC è ampiamente adottato nei settori della DeFi (finanza decentralizzata) e dei pagamenti, permettendo scambi e transazioni senza necessità di intermediari bancari.

Contesto Storico e Visione di Mercato

USDC è stato lanciato nel 2018, con l'intento di colmare il gap tra l'affidabilità delle valute fiat e l'efficienza delle criptovalute. Fin dal suo esordio, ha guadagnato una posizione di rilievo tra le stablecoin, grazie alla sua solidità e trasparenza. Il mercato delle stablecoin, nel quale USDC gioca un ruolo chiave, ha visto una rapida crescita negli ultimi anni, spinto dalla crescente domanda di valute digitali stabili per applicazioni nei settori finanziario e commerciale.

Capitalizzazione di mercato e Circolante

Ad oggi, USDC è una delle stablecoin più capitalizzate, con una capitalizzazione di mercato che supera i 30 miliardi di dollari e un circolante che si avvicina ai 30 miliardi di unità. Questo rende USDC una delle criptovalute più scambiate a livello globale, con una solida adozione da parte di numerosi exchange, istituzioni finanziarie e aziende. La stabilità del suo valore e la facilità di utilizzo la rendono una scelta preferita per molti utenti nel settore delle criptovalute.

Opinione Personale e Riflessione

Nel contesto delle criptovalute, USDC rappresenta una delle alternative più sicure per chi cerca stabilità. Il suo utilizzo nel mondo della DeFi e nei pagamenti è una testimonianza del suo crescente ruolo nel panorama delle monete digitali. Tuttavia, l'evoluzione di USDC dovrà affrontare le sfide legate alla regolamentazione sempre più stringente del settore delle criptovalute. In particolare, la crescente attenzione da parte delle autorità fiscali e bancarie riguardo la gestione delle riserve e la compliance alle normative potrebbe portare a cambiamenti significativi. Sarà interessante vedere come USDC risponderà a queste sfide, continuando a garantire sicurezza, trasparenza e stabilità in un mercato in continua evoluzione.

Sito Ufficiale

Per ulteriori dettagli e aggiornamenti, è possibile consultare il sito ufficiale di USDC: *https://www.centre.io/usdc.*

Avalanche: La Blockchain del Futuro con Scalabilità e Decentralizzazione

Avalanche si posiziona come una delle piattaforme blockchain più avanzate e promettenti, con l'ambizione di superare le limitazioni delle blockchain tradizionali. Grazie a una progettazione innovativa, Avalanche mira a risolvere le principali problematiche riscontrate nelle reti blockchain esistenti, come scalabilità, sicurezza e interoperabilità, rendendo possibile lo sviluppo di applicazioni decentralizzate (DApps) e contratti intelligenti in un ambiente altamente performante.

La blockchain di Avalanche si distingue principalmente per la sua velocità e scalabilità. Utilizzando un meccanismo di consenso unico, chiamato *Avalanche Consensus*, la piattaforma è in grado di gestire migliaia di transazioni al secondo, risolvendo una delle principali problematiche delle blockchain tradizionali come Bitcoin ed Ethereum, che faticano a gestire grandi volumi di transazioni simultanee. A differenza dei sistemi basati su Proof of Work (PoW), che sono noti per l'elevato consumo energetico, Avalanche adotta un approccio più sostenibile grazie al suo protocollo Proof of Stake (PoS), che riduce sensibilmente il consumo di energia.

Approfondimento Tecnico

La blockchain di Avalanche è costruita su un'architettura a tre livelli:

- **Consensus Layer**: il livello che gestisce il consenso, fondamentale per validare le transazioni.
- **Platform Layer**: la parte della rete che si occupa della gestione dei contratti intelligenti.
- **Application Layer**: il livello che supporta le applicazioni decentralizzate (DApps), le quali possono operare in modo efficiente grazie alla rapida capacità di scalabilità della rete.

Un aspetto innovativo del protocollo Avalanche Consensus è che non si basa su un singolo nodo per la validazione, ma distribuisce il processo su più nodi. Questo approccio, in combinazione con una rete di validatori che operano indipendentemente, rende il sistema estremamente resistente a eventuali attacchi e garantisce un consenso rapido e sicuro.

Scopo e Funzione

L'obiettivo di Avalanche è fornire una piattaforma che non solo risolve i problemi di scalabilità e velocità delle criptovalute tradizionali, ma che possa anche integrarsi perfettamente con altre reti blockchain. Grazie alla sua capacità di eseguire transazioni in pochi secondi e con costi minimi, si configura come una delle soluzioni più promettenti per il futuro delle applicazioni decentralizzate. La rete, inoltre, permette la creazione di sottoreti personalizzate, che possono rispondere alle specifiche esigenze di sviluppatori e aziende, consentendo l'interoperabilità tra diverse blockchain.

Contesto Storico e Visione di Mercato

Avalanche è stato lanciato nel 2020 dalla Ava Labs, fondata da Emin Gün Sirer, un pioniere nel campo delle blockchain. Sirer ha sviluppato Avalanche con l'intento di risolvere le sfide relative alla velocità delle transazioni e alla sicurezza che affliggevano le precedenti blockchain. La visione di mercato di Avalanche si concentra su una piattaforma che possa supportare applicazioni finanziarie e non solo, consentendo alle aziende di costruire soluzioni scalabili in un ecosistema decentralizzato, sicuro e veloce.

In un contesto di crescente attenzione verso soluzioni blockchain che non dipendano da sistemi centralizzati, Avalanche si distingue per la sua capacità di rispondere a questa domanda con un protocollo sostenibile e ad alte prestazioni.

Capitalizzazione di Mercato e Circolante

Come di consueto, la capitalizzazione di mercato di una criptovaluta è un parametro fondamentale per valutare il suo impatto nel panorama criptovalutario. Con un'offerta massima di 720 milioni di AVAX, la criptovaluta ha guadagnato una solida posizione nel mercato, con un attuale valore che la rende una delle blockchain più promettenti.

I numeri aggiornati e i volumi di scambio possono variare rapidamente, ma è utile verificare sempre la situazione attuale su piattaforme come CoinMarketCap o CoinGecko per avere informazioni sempre fresche sulla sua posizione e il volume di scambio.

Opinione Personale e Riflessione

Avalanche rappresenta una delle soluzioni più innovative nel panorama delle blockchain. La sua capacità di scalare e di gestire milioni di transazioni senza compromettere la sicurezza è una delle caratteristiche che la distingue da altre piattaforme come Ethereum e Bitcoin. Tuttavia, la vera sfida sarà quella di continuare a mantenere un'alta decentralizzazione pur crescendo come piattaforma. Inoltre, la competizione con altre blockchain ad alta velocità, come Solana, sarà cruciale per determinare se Avalanche riuscirà a consolidare la sua posizione nel lungo termine. Personalmente, vedo un grande potenziale in Avalanche, ma ritengo che l'adozione su larga scala e il supporto da parte degli sviluppatori saranno gli indicatori più significativi del suo successo.

Sito Ufficiale

Per maggiori informazioni su Avalanche, per esplorare le possibilità offerte dalla piattaforma e per monitorare gli aggiornamenti più recenti, visita il sito ufficiale *https://www.avax.network*.

TRON: La Rivoluzione della Blockchain per l'Intrattenimento e oltre

TRON è una criptovaluta relativamente giovane, ma con ambizioni notevoli. Il progetto si propone di superare le limitazioni di Ethereum, puntando su una piattaforma decentralizzata in grado di gestire enormi volumi di dati e transazioni. Il suo fondatore, Justin Sun, sostiene che TRON abbia apportato miglioramenti significativi rispetto a Ethereum, come una maggiore velocità di transazione. Mentre Ethereum può gestire circa 25 transazioni al secondo, TRON promette di arrivare a ben 10.000.

Il progetto, sviluppato dalla non-profit Tron Foundation, con sede a Singapore, è pensato per evolversi in più fasi nel corso di 8-10 anni, con un piano che ha preso piede nel 2018. L'obiettivo finale di TRON è posizionarsi come un leader nella distribuzione di contenuti digitali e nell'industria dell'intrattenimento globale, un mercato da mille miliardi di dollari.

Un Fondatore Visionario e un Team di Esperti

Il fondatore Justin Sun è stato paragonato a Jack Ma per la sua intraprendenza nel mondo digitale. Dopo aver conseguito la laurea all'Università della Pennsylvania nel 2015, Sun ha fondato Peiwo, un'applicazione social molto popolare in Cina. Ha anche collaborato con il progetto Ripple nei suoi primi anni. Il suo team è composto da sviluppatori di alto livello, tra cui figure importanti dell'industria tecnologica cinese, come Hitters Xu (fondatore di Nebulas) e Tang Binsen (fondatore di *Clash of Kings*). TRON ha raccolto anche il supporto di giganti come Huobi.com, Bitmain e OpenLedger, che hanno garantito finanziamenti per il progetto fino al 2027.

Un Ecosistema Decentralizzato per l'Industria dell'Intrattenimento

TRON mira a rivoluzionare il panorama dei contenuti digitali. La piattaforma aspira a dare ai creatori di contenuti il pieno controllo sui propri dati, eliminando gli intermediari come Apple Store e Google Play Store. Grazie alla tecnologia blockchain e al suo protocollo, TRON consente agli utenti di pubblicare, archiviare e possedere i propri dati, ottenendo direttamente fondi dai consumatori. Questo approccio decentralizzato promette di cambiare il modo in cui vengono distribuiti contenuti in streaming, giochi e altro.

Capitalizzazione di Mercato e Circolante

A dicembre 2024, TRON ha una capitalizzazione di mercato che supera i 6 miliardi di dollari, posizionandosi tra le prime criptovalute al mondo. Il token TRX, che è l'unità di valore principale della piattaforma, ha una fornitura massima fissata a 100 miliardi di monete. Attualmente, circa il 65% di questa offerta è già in circolazione, con la restante parte destinata a diverse fasi di distribuzione, comprese le riserve strategiche e le operazioni di incentivazione. Questo massiccio circolante ha permesso a TRX di mantenere una liquidità stabile e un buon livello di accessibilità sul mercato. L'elevata offerta di token rende TRON un progetto che cerca di garantire un'adozione ampia, senza compromettere l'equilibrio economico interno.

Il Percorso di TRX: Dallo Sviluppo alla Maturità

Il progetto TRON si articola in diverse fasi, con l'ambizioso obiettivo di diventare la piattaforma leader per l'intrattenimento digitale. Il percorso è iniziato con la fase *Exodus* nel 2017, con l'introduzione della rete blockchain di TRON (Mainnet) e la migrazione dei token TRX da Ethereum (ERC20) alla blockchain di TRON. La fase successiva, *Odyssey*, ha incentivato la creazione di contenuti attraverso un sistema di ricompense. Con *Great Voyage* e *Apollo*, TRON ha puntato ad offrire ICO individuali, permettendo ai creatori di contenuti di emettere token personalizzati.

L'ultima fase, *Eternity*, mira a raccogliere fondi dalla comunità e a monetizzare la crescita della rete. Questo percorso in continua evoluzione promette di portare TRON al cuore dell'economia distribuita.

Considerazioni Finali su TRON

TRON si distingue per un team solido, un fondatore di grande visione e un progetto che gode del supporto di importanti investitori. La piattaforma ha il potenziale per diventare un punto di riferimento nell'industria digitale, con applicazioni che spaziano dall'intrattenimento ai giochi d'azzardo. La sua capacità di gestire transazioni rapide e a basso costo la rende una valida alternativa a Ethereum, con una visione chiara per il futuro.

Tuttavia, come per ogni investimento in criptovalute, bisogna ricordare che il settore è altamente volatile e le opportunità di guadagno sono sempre accompagnate da rischi. È quindi fondamentale approcciarsi a TRON con la consapevolezza delle sfide del mercato.

Dati aggiornati e informazioni ufficiali

Per maggiori dettagli, è possibile visitare il sito ufficiale di TRON, *https://tron.network/*, dove è possibile consultare tutte le informazioni più recenti sul progetto e sui suoi sviluppi.

Shiba Inu: Il Fenomeno delle Criptovalute "Memecoin"

Shiba Inu (SHIB) è una criptovaluta che è riuscita a conquistare rapidamente l'attenzione del grande pubblico, attirando sia investitori che curiosi. Nata come una sorta di "memecoin", una criptovaluta il cui valore inizialmente sembrava derivare soprattutto dalla fama virale, SHIB ha saputo trasformarsi in un progetto molto più ambizioso. Il suo creatore, che si fa chiamare Ryoshi, ha deciso di utilizzare l'iconico cane Shiba Inu come simbolo, con l'intento di dar vita a una community decentralizzata e divertente. Oggi, SHIB non è più solo una scommessa speculativa, ma un attore significativo nel panorama delle criptovalute.

Approfondimento Tecnico

Il token Shiba Inu si fonda sulla blockchain di Ethereum, il che significa che sfrutta la sua robustezza e sicurezza, oltre a beneficiare della sua infrastruttura tecnologica. A differenza di Bitcoin, che punta alla scarsità della moneta, SHIB ha una **fornitura infinita**, ma la sua offerta iniziale è stata massicciamente ridotta a 1 quadrilione di token. Gran parte di questa offerta è stata "bruciata" o destinata a riserve, e solo una parte significativa è attualmente in circolazione. La tokenomics di SHIB, seppur complessa, è stata progettata per incentivare la crescita della community e stimolare la partecipazione attiva all'interno del suo ecosistema.

SHIB ha anche lanciato **ShibaSwap**, una piattaforma decentralizzata che consente agli utenti di fare staking, scambiare token e partecipare al programma di "yield farming", creando così un ambiente dinamico per l'interazione tra i membri della community. La creazione di nuove funzionalità, come la partecipazione alle ICO tramite i token "Shiba Inu", sta portando avanti una visione che punta a un'espansione oltre il semplice trading.

Scopo e Funzione

Il progetto Shiba Inu è stato pensato per costruire una community decentralizzata che potesse opporsi ai "grandi" nel settore delle criptovalute. Non si tratta solo di un investimento finanziario, ma di un ecosistema vivace che include **ShibaSwap** per il trading e lo staking, ma anche **Shiba Inu NFTs** (non-fungible tokens), che rappresentano il prossimo passo nell'espansione dell'ecosistema. SHIB si prefigge di diventare una piattaforma per coloro che desiderano avere un'alternativa alle soluzioni centralizzate dei grandi attori del web, come Google o Facebook, puntando sulla libertà e sull'autonomia dei creatori di contenuti.

Contesto Storico e Visione di Mercato

Il progetto Shiba Inu è nato nel 2020 come risposta a Dogecoin, un altro "memecoin" che ha guadagnato popolarità grazie al supporto di comunità di appassionati di criptovalute e personaggi famosi. SHIB, tuttavia, ha cercato di differenziarsi non solo grazie al suo simbolo distintivo ma soprattutto attraverso una serie di progetti aggiuntivi come **ShibaSwap** e il suo impegno verso l'adozione e la creazione di un vero e proprio ecosistema. La visione del progetto punta a contrastare il dominio dei giganti tecnologici, proponendo un'alternativa decentralizzata in grado di restituire il controllo ai singoli utenti.

L'ascesa di SHIB è stata rapida e sorprendente, seppur controversa, con il supporto della community che ha contribuito a farlo salire nelle classifiche globali delle criptovalute. Il suo fondatore, Ryoshi, ha saputo cavalcare l'onda dei meme e dei social media per espandere la visibilità di SHIB, rendendolo un nome noto a livello mondiale.

Capitalizzazione di Mercato e Circolante

Al momento della scrittura, SHIB ha una capitalizzazione di mercato che lo colloca tra le criptovalute di fascia alta, con un valore complessivo che supera i miliardi di dollari. La sua offerta, come accennato, è estremamente elevata, ma la **circolante attuale** è molto inferiore grazie alle misure di "burn" dei token messe in atto dal team di sviluppo.

La capitalizzazione di SHIB si è espansa notevolmente durante la crescita esponenziale delle criptovalute "memecoin" e, nonostante i suoi numerosi alti e bassi, continua ad essere un fenomeno di interesse soprattutto per gli investitori retail e i nuovi arrivati nel mondo delle criptovalute. Il suo mercato è alimentato principalmente da speculazioni, ma anche dall'interesse crescente di nuovi progetti basati sulla sua tecnologia e dall'adozione crescente di SHIB nei pagamenti tramite piattaforme come **BitPay**.

Opinione Personale e Riflessione

Shiba Inu ha sicuramente un potenziale di crescita enorme, ma è anche un asset estremamente volatile, caratterizzato da forti oscillazioni di valore. Per chi sta cercando di diversificare il proprio portafoglio in modo sicuro, è essenziale procedere con cautela. Tuttavia, se il progetto continua ad espandersi attraverso le funzionalità aggiuntive di **ShibaSwap** e la continua creazione di un ecosistema decentralizzato, SHIB potrebbe benissimo rivelarsi una criptovaluta con un valore concreto a lungo termine, ben oltre il semplice "fenomeno di meme".
Ciò che rende Shiba Inu particolarmente interessante non è solo il valore di mercato o la crescita speculativa, ma il suo potenziale a lungo termine nel creare un'alternativa decentralizzata ai sistemi centralizzati che dominano il mondo digitale. La possibilità di partecipare a un ecosistema interattivo

che restituisce il controllo agli utenti è senza dubbio uno dei suoi punti di forza.

Sito Ufficiale

Per maggiori dettagli, visita il sito *https://shibatoken.com* e scopri tutte le ultime novità e i progetti in corso nel suo ecosistema.

Toncoin (TON): Un Progetto Decentralizzato con una Visione Ambiziosa

Toncoin (TON) è una criptovaluta che nasce dall'ambizioso progetto di Telegram, la popolare piattaforma di messaggistica. Con un background tecnico che punta alla decentralizzazione e all'efficienza, TON ha l'obiettivo di risolvere alcuni dei principali limiti delle blockchain esistenti. In particolare, la sua rete è progettata per supportare milioni di transazioni al secondo, rendendo Toncoin una delle criptovalute con il potenziale di massimizzare l'adozione globale.

A differenza di Bitcoin o Ethereum, Toncoin è pensato per essere un progetto a più livelli, che non si limita al trasferimento di denaro, ma punta a integrarsi con l'intero ecosistema digitale. Dalle applicazioni decentralizzate (dApp) ai servizi finanziari, la piattaforma vuole creare una rete che connetta utenti, sviluppatori e imprese in un sistema digitale aperto.

Approfondimento Tecnico

Toncoin è basato su una tecnologia di blockchain avanzata che adotta il modello di sharding, che divide la rete in più "shard" (parti), consentendo a ciascuno di operare in parallelo. Questo approccio migliora drasticamente la scalabilità della rete, rendendo possibile il processing simultaneo di milioni di transazioni. Il progetto utilizza anche un algoritmo di consenso Proof-of-Stake (PoS), che rende il sistema energeticamente più efficiente rispetto a Bitcoin, che invece utilizza il Proof-of-Work.

La rete è altamente modulare, con un ecosistema che va ben oltre la semplice criptovaluta. La Toncoin blockchain supporta contratti intelligenti (smart contracts), dApp e persino il lancio di nuove criptovalute. L'implementazione di un sistema di pagamenti rapido e a basso costo la rende perfetta per integrare servizi come micropagamenti, giochi online e social media, unendo la funzionalità con la velocità.

Scopo e Funzione

Toncoin non è solo una criptovaluta, ma è parte di una visione molto più ampia. Lo scopo principale di

TON è quello di creare una rete decentralizzata che abbatta le barriere esistenti tra diverse forme di interazione digitale. In particolare, il progetto mira a rendere i servizi finanziari e i trasferimenti di valore più accessibili e inclusivi.

La piattaforma ha come obiettivo non solo l'integrazione nei pagamenti digitali, ma anche la possibilità di ospitare applicazioni decentralizzate. Grazie alla sua scalabilità e velocità, Toncoin ha il potenziale di facilitare l'adozione di blockchain in settori chiave come l'istruzione, la sanità, e soprattutto il social networking, sfruttando l'enorme base di utenti di Telegram.

Contesto Storico e Visione di Mercato

Lanciato originariamente come Telegram Open Network nel 2017, il progetto TON ha affrontato una serie di sfide legali che ne hanno ritardato l'implementazione. Tuttavia, nonostante l'abbandono ufficiale di Telegram, la community di sviluppatori ha continuato a portare avanti il progetto sotto il nome di Toncoin. Questo ha garantito che TON rimanesse uno degli sviluppi più promettenti nel panorama delle criptovalute decentralizzate.

Il mercato delle criptovalute è in costante evoluzione, e Toncoin si inserisce in un contesto di crescente interesse per le soluzioni blockchain scalabili. Le grandi sfide di Ethereum, come la congestione della rete e le alte commissioni, hanno spinto molti sviluppatori a cercare alternative migliori. Toncoin si presenta come una soluzione a questi problemi, con una rete che può gestire milioni di transazioni al secondo, riducendo drasticamente i costi.

Capitalizzazione di Mercato e Circolante

Toncoin ha mostrato una crescita costante, anche se la sua capitalizzazione di mercato e il numero di token in circolazione sono ancora in fase di sviluppo. A partire dal 2024, il valore di Toncoin si trova in un periodo di consolidamento, con un ampio potenziale di crescita. Nonostante la sua partenza "ritardata" nel 2020, la piattaforma sta attirando un numero crescente di sviluppatori e investitori, alimentato anche dalla solida comunità di Telegram.

Capitalizzazione di Mercato

Sebbene Toncoin abbia recentemente registrato importanti aumenti nel suo valore di mercato, rimane una criptovaluta giovane con ampi margini di crescita. Tuttavia, gli sviluppatori del progetto hanno evidenziato che l'evoluzione di Toncoin dipende fortemente dall'adozione da parte delle applicazioni decentralizzate e degli utenti finali.

Circolante: Il numero totale di TON in circolazione è limitato, un fattore che contribuisce alla stabilità del prezzo e alla protezione contro l'inflazione.

Opinione Personale e Riflessione

Toncoin ha tutte le caratteristiche per diventare una delle principali criptovalute nei prossimi anni, specialmente grazie al suo approccio innovativo alla scalabilità e alla decentralizzazione. Con la potenza di Telegram alle spalle, il progetto ha il vantaggio di una comunità globale e una visibilità unica, che lo rendono una criptovaluta da monitorare con attenzione. Sebbene ci siano ancora sfide da affrontare, come l'adozione da parte di sviluppatori e utenti, Toncoin offre un enorme potenziale.

Il progetto mira a creare un ecosistema di blockchain che non si limiti ai pagamenti, ma che diventi il cuore pulsante di una nuova economia digitale decentralizzata. Se il progetto continuerà a crescere al ritmo attuale, potrebbe avere un impatto significativo sull'intero panorama delle criptovalute.

Sito Ufficiale

Per informazioni più dettagliate sul progetto e per seguire gli sviluppi in tempo reale, visita il sito ufficiale di Toncoin: *https://ton.org*.

Stellar Lumen: La Cripto dei Poveri

Stellar Lumen (XLM) rappresenta una rivoluzione nell'ambito dei pagamenti digitali, con un'attenzione particolare alle aree in via di sviluppo, dove l'accesso a servizi bancari e finanziari è spesso limitato. Questa infrastruttura open source è pensata per favorire transazioni rapide, sicure e a costi irrisori tra diverse valute, rendendola uno strumento ideale per connettere persone, istituzioni finanziarie e governi in tutto il mondo.

Fondata nel 2014 da Jed McCaleb (anche creatore di eDonkey) e Joyce Kim, Stellar ha l'obiettivo di "unire il mondo" attraverso un sistema di pagamento che utilizza come asset la criptovaluta Lumen (XLM). Il protocollo è gestito dalla Stellar Development Foundation, una organizzazione no-profit che mira a promuovere l'inclusione finanziaria nei Paesi meno sviluppati.

Stellar offre una piattaforma che facilita lo scambio tra valute diverse, riducendo significativamente i costi di transazione rispetto alle tradizionali reti bancarie. Le transazioni sono completate in un arco di tempo che varia dai 2 ai 5 secondi, rendendo la rete particolarmente veloce ed efficiente.

Approfondimento Tecnico

Il principale vantaggio tecnico di Stellar rispetto ad altre criptovalute, come Bitcoin, risiede nel suo protocollo di consenso. Mentre Bitcoin utilizza un sistema di mining per validare le transazioni, Stellar adotta l'Accordo Federated Byzantine Agreement (FBA), un algoritmo che permette una convalida rapida attraverso un set selezionato di nodi "affidabili". Questo processo consente un'operazione molto più veloce, con una capacità di elaborare fino a 1.000 transazioni al secondo, un dato che la rende molto competitiva nel settore delle criptovalute.

Inoltre, il sistema prevede una protezione contro gli attacchi denial-of-service grazie alla cosiddetta "transazione antispam": una piccola quota di lumen (0,0001 per transazione) viene distrutta ogni volta che una transazione viene eseguita. Questo serve a proteggere la rete da un sovraccarico di operazioni dannose.

Scopo e Funzione

Stellar si propone di abbattere le barriere economiche tra Paesi sviluppati e in via di sviluppo, creando un sistema di pagamenti che possa risolvere i problemi di accesso e costo elevato legati alle tradizionali modalità bancarie. L'infrastruttura è progettata per consentire a chiunque di effettuare transazioni con una frazione di un centesimo, anche in zone remote del mondo.

Il Lumen (XLM) è utilizzato come mezzo di scambio all'interno di questa rete e rappresenta un anello di congiunzione tra valute diverse, inclusi Paesi del Pacifico meridionale e dell'Africa. Un aspetto distintivo di Stellar è la sua capacità di emettere circa l'1% di nuove risorse all'anno, mantenendo un livello di inflazione controllato, garantendo stabilità e prevedibilità al sistema.

Contesto Storico e Visione di Mercato

Dal suo lancio nel 2014, Stellar ha cercato di sviluppare alleanze strategiche con importanti organizzazioni e Paesi. Negli anni, ha attratto l'attenzione di grandi nomi come IBM e Deloitte, che hanno sperimentato l'uso della blockchain Stellar per i loro sistemi di pagamento. Inoltre, numerosi progetti no-profit stanno adottando Stellar come infrastruttura per migliorare l'accesso ai servizi bancari nei Paesi in via di sviluppo.

La rete Stellar è stata adottata da varie organizzazioni, come la Fondazione Praekelt, che ha integrato la blockchain nel suo sistema di messaggistica per donne in Africa, e Oradian, che la utilizza per creare una rete di microcredito tra le istituzioni finanziarie nigeriane.

Capitalizzazione di Mercato e Circolante

Al giugno 2024, la capitalizzazione di mercato di Stellar Lumen (XLM) si aggira attorno ai 6 miliardi di dollari. Sebbene non si tratti della criptovaluta più capitalizzata, Stellar ha una base di supporto robusta, soprattutto tra i progetti no-profit e nei Paesi emergenti.

Stellar ha creato un circolante predeterminato, con una fornitura totale di 100 miliardi di XLM, di cui:

- **50%** è destinato agli investitori,
- **25%** è riservato a organizzazioni no-profit,

- 20% agli attuali possessori di Bitcoin,
- 5% per lo sviluppo della rete Stellar.

Questa struttura di distribuzione garantisce che il sistema rimanga sostenibile e inclusivo, con un approccio equo e trasparente alla gestione delle risorse.

Opinione Personale e Riflessione

A mio avviso, Stellar rappresenta una delle criptovalute più promettenti per il futuro dei pagamenti digitali, soprattutto nei Paesi in via di sviluppo. L'attenzione verso l'inclusione finanziaria, la velocità delle transazioni e la solidità del protocollo ne fanno una proposta interessante non solo per gli investitori, ma anche per le istituzioni no-profit e i governi. Con un occhio alla stabilità e alla sostenibilità economica, Stellar potrebbe davvero cambiare il volto dei sistemi bancari globali.

Sito Ufficiale

Per maggiori dettagli, puoi visitare il sito ufficiale di Stellar *www.stellar.org*, dove troverai informazioni sempre aggiornate, il whitepaper, e i progetti in corso.

Chainlink: La Risorsa dei Contratti Intelligenti

Chainlink si inserisce tra le criptovalute più innovative, operando come un middleware che collega i contratti intelligenti con il mondo esterno, attraverso l'uso di "oracoli". Grazie a questa tecnologia, i contratti intelligenti, che di per sé sono limitati ai dati della blockchain su cui operano, riescono a interagire con risorse esterne come dati in tempo reale, API e persino sistemi di pagamento tradizionali. Il suo token, LINK, ha trovato applicazione in numerosi ambiti, dalla finanza decentralizzata (DeFi) fino a soluzioni aziendali su larga scala.

Approfondimento Tecnico

Chainlink non è solo una criptovaluta, ma un'infrastruttura fondamentale per l'ecosistema dei contratti intelligenti. La sua funzionalità si fonda su una rete decentralizzata di nodi che forniscono dati verificati e sicuri a questi contratti. A differenza di altre piattaforme, Chainlink adotta il concetto di oracolo decentralizzato, risolvendo una delle principali limitazioni dei contratti intelligenti tradizionali: la difficoltà di interagire con dati esterni alla blockchain. L'utilizzo dell'ERC20 token LINK permette di incentivare i nodi che partecipano alla rete, con una fornitura massima di 1 miliardo di LINK, di cui circa 350 milioni sono attualmente in circolazione.

Scopo e Funzione

Chainlink ha come scopo principale quello di rendere i contratti intelligenti ancora più potenti e applicabili a scenari del mondo reale, fornendo accesso a risorse esterne. Grazie alla sua rete di oracoli decentralizzati, Chainlink permette l'interazione tra blockchain e dati reali, consentendo la creazione di applicazioni blockchain che vanno oltre i limiti dei sistemi chiusi e autoreferenti. In questo contesto, il protocollo diventa una risorsa indispensabile per i progetti che necessitano di validità e accuratezza nella gestione dei dati.

Contesto Storico e Visione di Mercato

Chainlink è nato nel 2014 con l'obiettivo di risolvere il problema dell'isolamento dei contratti intelligenti. Fino a quel momento, i contratti intelligenti erano limitati alla propria blockchain, incapaci di raccogliere e utilizzare dati esterni per eseguire le loro funzioni. Chainlink ha introdotto la possibilità di integrare fonti esterne in modo sicuro e decentralizzato, permettendo l'espansione delle sue applicazioni verso nuove industrie. Grazie a una continua innovazione, il progetto ha saputo attrarre interesse da parte di grandi aziende e istituzioni, tra cui Google e Oracle, diventando un pilastro nel settore DeFi e nelle soluzioni aziendali decentralizzate.

Capitalizzazione di Mercato e Circolante

La capitalizzazione di mercato di Chainlink è uno degli indicatori più rilevanti per valutare la sua posizione nel settore delle criptovalute. Con una fornitura massima di 1 miliardo di LINK e circa 350 milioni attualmente in circolazione, la criptovaluta ha ottenuto un notevole supporto dal mercato. La distribuzione dei token LINK è equamente suddivisa tra investitori pubblici (35%), operatori di nodi (35%) e l'azienda per lo sviluppo (30%). La capitalizzazione di mercato e la continua espansione della rete di oracoli decentralizzati rendono Chainlink una delle piattaforme più promettenti per il futuro della blockchain e delle applicazioni decentralizzate.

Opinione Personale e Riflessione

Chainlink rappresenta una delle soluzioni più interessanti per il mondo delle criptovalute, non solo come asset speculativo, ma soprattutto per il valore reale che porta al mondo dei contratti intelligenti. La sua capacità di connettere il mondo blockchain con risorse esterne è un cambiamento fondamentale che aumenta esponenzialmente le potenzialità dei progetti basati su blockchain. Tuttavia, nonostante l'adozione crescente e il supporto di grandi aziende, la sfida per Chainlink sarà quella di mantenere una sicurezza elevata e incentivare il coinvolgimento di un numero sempre maggiore di nodi, affinché la rete possa rimanere decentralizzata e priva di punti deboli.

Sito Ufficiale

Per ulteriori dettagli sul progetto, la tecnologia e le ultime notizie, puoi visitare il sito ufficiale di Chainlink *chain.link*.

Polkadot: L'Innovativa Architettura Multi-Chain per l'Interoperabilità Blockchain

Polkadot è un progetto ambizioso nato per superare i limiti delle blockchain tradizionali, favorendo l'interoperabilità tra diverse catene. Fondato dalla Web3 Foundation, Polkadot è stato creato da un team di esperti del settore, tra cui Gavin Wood, uno degli autori di Ethereum, e altri co-fondatori con esperienze solide nel mondo delle criptovalute. L'obiettivo di Polkadot è rendere possibile la connessione e la comunicazione tra blockchain differenti, creando un ecosistema aperto e decentralizzato. Polkadot si basa su un token nativo, DOT, che svolge funzioni vitali all'interno di questa rete.

Approfondimento Tecnico

Polkadot è progettato per offrire un'architettura multi-chain scalabile, dove diverse blockchain, chiamate "parachains", possono interagire in modo sicuro ed efficiente. Il meccanismo di governance di Polkadot è altamente decentralizzato, con i possessori di DOT che partecipano attivamente al processo decisionale. Oltre a facilitare la governance, DOT permette di gestire la rete attraverso il meccanismo di staking, che consente a chi detiene il token di impegnarsi come validatore, nominatore o raccoglitore. Le parachain, che sono la chiave dell'architettura di Polkadot, permettono alle blockchain di avere le proprie caratteristiche e dinamiche, pur rimanendo connesse con l'ecosistema.

Scopo e Funzione

Il principale scopo di Polkadot è favorire l'interoperabilità tra blockchain diverse. Le sue funzioni sono articolate in tre principali aree:

1. **Governance**: I possessori di DOT possono partecipare attivamente alla governance della rete, prendendo decisioni su aspetti cruciali come le tariffe della rete e le modifiche future.
2. **Meccanismo di Consenso**: Polkadot utilizza un sistema di staking per assicurarsi che i validatori, nominatori e raccoglitori abbiano incentivi a comportarsi in modo onesto e sicuro.

3. **Parachains**: Le parachain permettono a Polkadot di avere una struttura flessibile e scalabile, dove nuove catene possono essere aggiunte o modificate in base alle necessità della rete.

Contesto Storico e Visione di Mercato

Lanciato nel 2020, Polkadot ha subito una rapida ascesa grazie all'innovativa proposta di valore che ha introdotto nel mondo delle criptovalute. Rispetto ad altre soluzioni come Ethereum, Polkadot offre una risposta al problema della scalabilità e dell'interoperabilità tra blockchain. La sua architettura multi-chain consente di sviluppare casi d'uso più complessi, garantendo però sicurezza e decentramento. Oggi, Polkadot è considerata una delle blockchain più promettenti, con una comunità in forte crescita e un ecosistema in continua espansione.

Capitalizzazione di Mercato e Circolante

A dicembre 2023, la capitalizzazione di mercato di Polkadot è di circa 36 miliardi di dollari, con un'offerta circolante di 897,66 milioni di DOT, su una fornitura massima di 1 miliardo di token. Dal suo lancio nel 2020, DOT ha mostrato un forte apprezzamento, dimostrando un interesse crescente da parte degli investitori e degli sviluppatori. La rete continua a evolversi e a lanciare nuove funzionalità, rendendo Polkadot una delle blockchain più seguite e adottate nel panorama delle criptovalute.

Opinione Personale e Riflessione

Polkadot rappresenta una delle soluzioni più innovative per risolvere il problema della scalabilità e dell'interoperabilità tra blockchain. La sua architettura permette una grande flessibilità e, grazie al meccanismo di governance decentralizzato, offre un livello di sicurezza e trasparenza che è difficile trovare in altri progetti. Tuttavia, la vera sfida per Polkadot sarà la capacità di attrarre un numero sempre maggiore di sviluppatori e di creare un ecosistema di applicazioni decentralizzate che sfruttino appieno il potenziale delle parachain.

Sito Ufficiale

Per ulteriori informazioni su Polkadot, visita il sito ufficiale della rete *polkadot.network*. Qui troverai tutti i dettagli aggiornati sul progetto, le ultime novità e le risorse per partecipare alla governance e all'ecosistema di Polkadot.

Hedera HBAR: L'Innovazione del Ledger Distribuito e la Velocità delle Transazioni

Hedera HBAR è una piattaforma blockchain all'avanguardia, concepita per affrontare i limiti delle blockchain tradizionali, come scalabilità, velocità e costi. Basata su un algoritmo innovativo chiamato *Hashgraph*, Hedera rappresenta un'evoluzione significativa rispetto alle blockchain esistenti, promettendo transazioni più rapide, sicure ed economiche. A differenza di Ethereum e Bitcoin, che utilizzano la prova di lavoro (PoW) o altri algoritmi, Hedera impiega un meccanismo di consenso diverso che consente alle sue applicazioni di essere molto più performanti.

Approfondimento Tecnico

Il cuore pulsante di Hedera è l'algoritmo *Hashgraph*, che funziona in modo completamente diverso dalle tradizionali blockchain. Mentre le blockchain tradizionali sono basate su una struttura a blocchi, Hashgraph utilizza una rete di nodi che collaborano in modo più rapido ed efficiente. La sua principale innovazione è la "consensus by gossip" (consenso tramite pettegolezzi), che consente ai nodi di comunicare tra loro per stabilire un consenso, rendendo le transazioni più rapide e sicure. Questa tecnologia è in grado di gestire migliaia di transazioni al secondo, a differenza delle blockchain che generalmente ne gestiscono solo poche.

Inoltre, Hedera si distingue per l'uso della "governance decentralizzata", un sistema in cui le principali decisioni di sviluppo sono prese da un consiglio di amministrazione composto da attori leader nei rispettivi settori. Questo consente una gestione equilibrata e sostenibile della rete.

Scopo e Funzione

Il token HBAR ha tre funzioni principali all'interno della rete Hedera:

1. **Gas per le transazioni**: come Ethereum, HBAR viene utilizzato per pagare le tariffe di transazione.
2. **Staking**: i possessori di HBAR possono mettere in staking i loro token per partecipare al processo di validazione della rete, guadagnando ricompense in HBAR.

3. **Governance**: HBAR consente agli utenti di partecipare alle decisioni cruciali riguardanti l'evoluzione della rete.

Queste tre funzionalità rendono HBAR essenziale per l'operatività di Hedera e ne rafforzano la posizione come uno dei protocolli blockchain più scalabili e sicuri.

Contesto Storico e Visione di Mercato

Lanciato nel 2018, Hedera HBAR è stato sviluppato da Hedera Hashgraph LLC, una società che ha radici profonde nell'innovazione tecnologica. Il progetto nasce con l'intento di risolvere i problemi di scalabilità che affliggono le blockchain tradizionali, proponendo un sistema che può gestire fino a 10.000 transazioni al secondo. Con il crescente interesse per le blockchain, Hedera ha attratto investimenti significativi da parte di grandi aziende come Google, IBM e Boeing, che sono parte integrante del suo consiglio di governance.

Nel panorama delle criptovalute, Hedera si posiziona come una soluzione ideale per aziende che necessitano di alta velocità, bassa latenza e costi contenuti. La sua architettura e il meccanismo di consenso basato su Hashgraph hanno suscitato un notevole interesse, soprattutto per applicazioni aziendali, microtransazioni e gestione dei dati.

Capitalizzazione di Mercato e Circolante

Il token HBAR ha registrato una notevole crescita da quando è stato lanciato. A partire da un prezzo di pochi centesimi, HBAR ha visto un aumento significativo nella sua capitalizzazione di mercato, arrivando a un valore di circa 7 miliardi di dollari a dicembre 2023. La fornitura massima di HBAR è fissata a 50 miliardi di token, con un attivo circolante che varia a seconda delle politiche di staking e rilascio. L'inflazione controllata e l'adozione crescente di Hedera come piattaforma per applicazioni aziendali contribuiscono a rendere HBAR una risorsa potenzialmente redditizia a lungo termine.

Opinione Personale e Riflessione

Credo fermamente nel potenziale di Hedera HBAR come una delle piattaforme blockchain più promettenti nel panorama delle criptovalute. La sua architettura innovativa, unita a una governance decentralizzata e ad una comunità di investitori e sviluppatori altamente qualificati, la rende una scelta interessante per chi desidera entrare in un ecosistema sicuro e scalabile. Hedera, infatti, rappresenta un'opportunità per le imprese di sfruttare una blockchain all'avanguardia, capace di ridurre i costi operativi e migliorare l'efficienza.

Quello che mi colpisce maggiormente di Hedera è la sua capacità di attrarre partner e sostenitori di alto calibro, un chiaro indicatore della fiducia che ripongono nella sua tecnologia. Sebbene i suoi competitor, come Ethereum e Solana, abbiano una maggiore visibilità, Hedera sta dimostrando che è possibile creare una blockchain che non solo scala in modo efficiente, ma che lo fa senza compromettere la sicurezza o la decentralizzazione.

Sito Ufficiale

Per maggiori dettagli, ti invito a visitare il sito ufficiale *https://hedera.com*, dove troverai tutte le informazioni necessarie sul funzionamento della rete, i suoi progetti in corso e le ultime novità sul token HBAR.

SUI: Una Nuova Era per le Blockchain

SUI è una blockchain rivoluzionaria progettata per affrontare le sfide più comuni nel mondo delle criptovalute. Mentre il settore blockchain continua a evolversi, SUI si distingue per la sua velocità, scalabilità e approccio innovativo. Questo progetto si basa su un linguaggio di programmazione chiamato *Move*, ideato per ottimizzare le transazioni e ridurre i costi operativi. Con una community in crescita e un team di esperti nel settore, SUI ha tutte le carte in regola per diventare un protagonista nel panorama delle blockchain.

Approfondimento Tecnico

Nel cuore di SUI c'è un'architettura che consente di elaborare transazioni parallele anziché sequenziali, riducendo i tempi di latenza e migliorando l'efficienza. La blockchain utilizza un modello di consenso Proof-of-Stake (PoS) che permette di validare le transazioni in modo più rapido rispetto ad altre blockchain più tradizionali. SUI integra anche un sistema di memorizzazione altamente scalabile, che consente alle transazioni di essere processate contemporaneamente, senza compromettere la sicurezza o l'integrità dei dati.

Una delle caratteristiche distintive di SUI è l'uso del *Move Language*, che consente agli sviluppatori di scrivere smart contract più sicuri e meno vulnerabili. Questo linguaggio è progettato per ridurre i rischi associati agli errori di programmazione, consentendo un'esecuzione più affidabile e precisa degli smart contract.

Scopo e Funzione

SUI si propone di risolvere alcuni dei problemi fondamentali delle blockchain tradizionali, come la scalabilità e l'efficienza delle transazioni. La sua principale funzione è quella di creare una piattaforma in grado di supportare applicazioni decentralizzate (dApp) e smart contract in maniera più efficiente e a costi inferiori. Inoltre, SUI mira a creare un ecosistema che favorisca l'interoperabilità tra diverse blockchain, permettendo a progetti su diverse piattaforme di comunicare tra loro in modo fluido.

Contesto Storico e Visione di Mercato

La blockchain è nata come una tecnologia di supporto per le criptovalute, ma nel tempo ha evoluto il suo utilizzo verso una varietà di applicazioni, dalla finanza decentralizzata (DeFi) alla gestione della supply chain. Tuttavia, la crescita esponenziale delle dApp ha sollevato problemi significativi come la lentezza e i costi elevati delle transazioni. In risposta a questi problemi, SUI è nato come una blockchain progettata per scalare e crescere in parallelo con la domanda di soluzioni efficienti per le dApp e le transazioni su larga scala.

SUI si inserisce in un contesto di crescente attenzione verso la blockchain di nuova generazione. Con concorrenti come Solana, Polkadot e Ethereum 2.0, la sfida principale per SUI è quella di dimostrare che la sua architettura offre un miglioramento significativo in termini di prestazioni e costi. La sua proposta di valore si concentra sull'efficienza operativa e sulla riduzione dei costi, utilizzando tecnologie avanzate come il Proof-of-Stake (PoS) e il linguaggio di programmazione Move.

Capitalizzazione di Mercato e Circolante

Secondo gli ultimi dati disponibili, SUI ha una capitalizzazione di mercato che sta crescendo rapidamente grazie all'interesse crescente verso il suo approccio innovativo. Il token nativo di SUI è il $SUI, utilizzato per alimentare le transazioni e pagare le commissioni di rete. Con una massima fornitura di token stabilita, il suo valore di mercato dipende dalla domanda di utilizzo della blockchain e dall'adozione della piattaforma.

Il token $SUI è fondamentale anche per incentivare la sicurezza della rete attraverso il meccanismo di staking. Gli utenti possono delegare i propri token a validatori, contribuendo al processo di consenso e guadagnando ricompense per il loro impegno nella rete.

Opinione Personale e Riflessione

SUI rappresenta una delle proposte più promettenti nel panorama delle blockchain moderne. La sua architettura scalabile e l'approccio innovativo con il linguaggio Move potrebbero risolvere i principali problemi che oggi affliggono le blockchain tradizionali. Se riuscirà a ottenere una buona adozione e a sviluppare una solida base di dApp, SUI potrebbe davvero spingere l'adozione della blockchain su larga scala.

Tuttavia, bisogna considerare che la competizione nel settore blockchain è intensa. Seppur il progetto sia ben strutturato, dovrà affrontare sfide significative come la resistenza di altre blockchain più consolidate e l'incertezza regolamentare che riguarda la tecnologia.

Sito Ufficiale

Per ulteriori informazioni sul progetto SUI, è possibile consultare il sito ufficiale *https://sui.io*, dove vengono pubblicati aggiornamenti sullo sviluppo della piattaforma, documentazioni tecniche e roadmap future.

Bitcoin Cash (BCH): Oltre il Bitcoin Tradizionale

Bitcoin Cash (BCH) nasce come una risposta alle sfide che il Bitcoin ha incontrato nel suo percorso di scalabilità. Se Bitcoin è stato concepito come un sistema di pagamento decentralizzato, Bitcoin Cash si propone come una versione più scalabile e accessibile, capace di gestire un numero maggiore di transazioni al secondo. La sua creazione è stata il risultato di un hard fork del Bitcoin, avvenuto nel 2017, e si distingue per la sua capacità di supportare blocchi più grandi, aumentando così la velocità e riducendo i costi delle transazioni.

Approfondimento Tecnico (Per il pubblico esperto)

La principale differenza tra Bitcoin e Bitcoin Cash risiede nel dimensionamento dei blocchi. Mentre Bitcoin ha mantenuto la sua dimensione di blocco di 1 MB, Bitcoin Cash ha aumentato il limite a 8 MB, permettendo di processare molte più transazioni in un periodo di tempo ridotto. Ciò ha contribuito a ridurre i costi delle transazioni e migliorare la velocità, rendendo BCH una soluzione più pratica per pagamenti quotidiani. Inoltre, Bitcoin Cash ha adottato una metodologia di scaling tramite la Adaptive Block **Size** che consente di aumentare la dimensione del blocco in base alle necessità, migliorando ulteriormente la scalabilità.

Un altro aspetto tecnico importante riguarda il suo algoritmo di consenso. Bitcoin Cash, infatti, utilizza la stessa Proof of Work (PoW) di Bitcoin, ma con una differente difficoltà di aggiustamento che consente una maggiore fluidità nell'emissione di nuovi blocchi.

Scopo e Funzione

Bitcoin Cash è progettato principalmente per essere utilizzato come valuta digitale, destinata a facilitare pagamenti quotidiani. La missione di BCH è chiara: diventare una moneta spendibile facilmente, senza i ritardi e le spese elevate che Bitcoin ha incontrato con la sua rete congestionata. In un contesto in cui altre criptovalute cercano di risolvere il problema della scalabilità, Bitcoin Cash si pone come una delle alternative pratiche per pagamenti veloci ed economici.

Contesto Storico e Visione di Mercato

Il Bitcoin Cash è stato il risultato di un duro dibattito all'interno della comunità di Bitcoin riguardo alla sua capacità di scalare. Con la crescente adozione e l'aumento dei costi delle transazioni di Bitcoin, alcuni membri della community decisero di creare una fork per risolvere questi problemi. L'hard fork che ha creato Bitcoin Cash ha separato la blockchain di BCH da quella di Bitcoin, dando vita a due criptovalute distinte con differenti visioni del futuro.

Nel mercato attuale, Bitcoin Cash è diventato una delle criptovalute più riconosciute, sebbene non abbia raggiunto la stessa notorietà di Bitcoin. BCH viene utilizzato principalmente per trasferimenti rapidi, microtransazioni e pagamenti in contesti dove il basso costo e la velocità sono determinanti. L'evoluzione della sua comunità e l'espansione dell'adozione nelle piattaforme di pagamento sono segnali positivi per la sua crescita futura.

Capitalizzazione di Mercato e Circolante

Bitcoin Cash ha attualmente una capitalizzazione di mercato che lo colloca tra le prime dieci criptovalute.

Con una fornitura totale massima di 21 milioni di BCH, come per Bitcoin, la sua offerta in circolazione è cresciuta progressivamente dal momento del lancio. A dicembre 2024, la capitalizzazione di mercato si aggira intorno ai 6 miliardi di dollari, con circa 19 milioni di BCH in circolazione. Questo dato dimostra una domanda costante per BCH, sebbene la sua adozione quotidiana e il suo valore di mercato siano ancora inferiori rispetto ad altre criptovalute, come Bitcoin o Ethereum.

Opinione Personale e Riflessione

Bitcoin Cash si è sicuramente dimostrato una valida alternativa a Bitcoin, specialmente per chi cerca una soluzione scalabile e veloce per pagamenti quotidiani. Tuttavia, la sua posizione nel mercato delle criptovalute è ancora incerta, poiché molte altre soluzioni di scaling, come il Lightning Network di Bitcoin, stanno cercando di risolvere gli stessi problemi che BCH ha affrontato. Sebbene BCH offra dei vantaggi significativi in termini di costi e velocità, la competizione nel settore delle criptovalute è feroce. Se riuscirà a superare gli ostacoli legati alla sua adozione globale, Bitcoin Cash potrebbe davvero emergere come una delle criptovalute più utilizzate per le transazioni quotidiane.

Sito Ufficiale

Per maggiori informazioni su Bitcoin Cash, è possibile consultare il sito ufficiale: *https://www.bitcoincash.org*.

Litecoin: l'argento digitale

Litecoin (LTC) è una delle criptovalute più longeve, lanciata nell'ottobre del 2011 da Charlie Lee, un ex ingegnere di Google. La sua creazione non è legata a un singolo progetto, ma si propone principalmente come sistema di pagamento decentralizzato, veloce e affidabile. Conosciuto per la sua velocità nelle transazioni e per le basse commissioni, Litecoin ha conquistato un posto significativo nel panorama delle criptovalute, venendo spesso soprannominato "l'argento digitale", in contrasto con Bitcoin, che è considerato l'oro digitale.

Introduzione: Adatta ai Principianti

Litecoin è una criptovaluta peer-to-peer (P2P) open source, che permette agli utenti di effettuare transazioni senza la necessità di un intermediario, come una banca. Fondata su una blockchain simile a quella di Bitcoin, Litecoin ha una velocità di generazione dei blocchi più rapida, circa 2,5 minuti rispetto ai 10 minuti di Bitcoin. Ciò consente transazioni più veloci e una maggiore capacità di elaborazione dei pagamenti, rendendo Litecoin un'alternativa più adatta per i pagamenti quotidiani.

Approfondimento Tecnico: Per il Pubblico Esperto

Litecoin è un fork di Bitcoin, ma con alcune differenze tecniche significative. La principale riguarda il tempo di generazione dei blocchi, che permette transazioni più rapide. Con un massimo di 84 milioni di LTC in circolazione (quattro volte superiore ai 21 milioni di Bitcoin), Litecoin mira a mantenere l'inflazione sotto controllo pur garantendo un sistema di pagamento scalabile. Il protocollo di Litecoin supporta anche tecnologie avanzate, come **Segregated Witness (SegWit)** e **Lightning Network**, che migliorano l'efficienza della rete e la velocità delle transazioni.

Scopo e Funzione

L'obiettivo primario di Litecoin è quello di essere una forma di valuta digitale veloce e conveniente per transazioni quotidiane. Grazie alla sua velocità di conferma e alla ridotta commissione di transazione rispetto a Bitcoin, Litecoin è spesso utilizzato come mezzo di pagamento per beni e servizi online. Inoltre, la criptovaluta è particolarmente apprezzata nei settori dove è richiesto un pagamento rapido, come nel gioco online nei casinò criptati.

Contesto Storico e Visione di Mercato

Litecoin è nato nel contesto di una crescente esigenza di un'alternativa a Bitcoin che potesse gestire transazioni quotidiane con costi e tempi ridotti. Il suo lancio nel 2011 ha segnato l'inizio di un percorso che ha visto un costante incremento nell'adozione della criptovaluta. Nel 2017, Litecoin ha raggiunto un picco significativo, in parte grazie all'adozione precoce di tecnologie innovative come SegWit e Lightning Network, che hanno reso la rete più scalabile. La sua capitalizzazione di mercato è aumentata notevolmente, con il prezzo che ha visto una crescita esplosiva del 7.291% dal gennaio 2017.

Tuttavia, a partire dal 2018, il valore di Litecoin ha mostrato una certa volatilità. Nonostante ciò, Litecoin ha continuato a mantenere una solida base di supporto tra gli investitori, grazie alla sua posizione consolidata nel mercato delle criptovalute e alla sua proposta di valore come mezzo di pagamento rapido ed efficiente.

Capitalizzazione di Mercato e Circolante

Litecoin ha raggiunto un punto di riferimento importante per la sua stabilità e liquidità. Sebbene la sua capitalizzazione di mercato e il valore abbiano subito fluttuazioni, Litecoin continua ad essere tra le prime dieci criptovalute per capitalizzazione. Attualmente, la circolazione di LTC è fissata a un massimo di 84 milioni, con circa 70 milioni di monete già in circolazione, rendendo Litecoin una criptovaluta con una fornitura predefinita e limitata.

Opinione Personale e Riflessione

Litecoin, nonostante non sia la criptovaluta di punta come Bitcoin, mantiene una posizione solida nel panorama delle criptovalute grazie alla sua utilità nelle transazioni quotidiane e alla sua capacità di evolversi tecnologicamente. Le sue capacità di gestione delle transazioni veloci e le basse commissioni lo rendono un'opzione interessante per coloro che cercano una criptovaluta facile da usare e accessibile. La sua adozione di tecnologie come SegWit e Lightning Network indica una visione di lungo periodo, mirata a migliorare ulteriormente la scalabilità e l'efficienza del sistema.

Tuttavia, Litecoin deve affrontare la crescente concorrenza di altre criptovalute più recenti e innovative che puntano a risolvere i limiti di scalabilità di Bitcoin. La sua capacità di rimanere competitivo nel lungo termine dipenderà dalla sua continua capacità di adattarsi alle esigenze di mercato e dalla sua comunità di sviluppatori.

Sito Ufficiale

Per maggiori dettagli e per rimanere aggiornati sulle ultime novità di Litecoin, è possibile visitare il sito ufficiale: *www.litecoin.org*.

NEAR Protocol: La Nuova Frontiera della Blockchain Scalabile e Decentralizzata

NEAR Protocol è uno dei progetti blockchain più innovativi e promettenti degli ultimi anni. Nato con l'obiettivo di risolvere i problemi di scalabilità e costi elevati che affliggono altre blockchain come Bitcoin ed Ethereum, NEAR ha introdotto una serie di soluzioni tecniche rivoluzionarie. La sua capacità di offrire transazioni rapide, sicure e con commissioni contenute lo ha reso un protagonista emergente nel panorama delle criptovalute. Ma cosa rende NEAR così speciale? Vediamolo nel dettaglio.

Approfondimento Tecnico

NEAR è una blockchain di terza generazione progettata per risolvere i problemi di scalabilità, usabilità e interoperabilità che affliggono altre reti blockchain. Utilizza un sistema di sharding che suddivide la rete in frammenti più piccoli, permettendo così di gestire migliaia di transazioni al secondo senza compromettere la sicurezza. A differenza di altre blockchain, che richiedono aggiornamenti complessi per migliorare la loro scalabilità, NEAR è stato progettato fin dall'inizio per essere altamente scalabile e facile da usare. Un aspetto distintivo è il suo consensus mechanism chiamato Nightshade, che consente la distribuzione dei carichi di lavoro tra vari shard, ottimizzando le risorse e migliorando l'efficienza complessiva della rete.

Inoltre, NEAR è compatibile con Ethereum grazie a Aurora, un layer 2 che permette di eseguire smart contract Ethereum sulla blockchain di NEAR senza dover modificare il codice, beneficiando di una maggiore velocità e costi più bassi. Grazie a questa interoperabilità, NEAR sta attrattando una crescente base di sviluppatori e progetti che desiderano sfruttare la sua scalabilità senza dover abbandonare l'ecosistema Ethereum.

Scopo e Funzione

Lo scopo principale di NEAR è rendere la tecnologia blockchain accessibile e scalabile per chiunque. A differenza di altre blockchain, che spesso sono difficili da usare per i neofiti, NEAR si è concentrata sul miglioramento dell'esperienza utente. Il suo sistema di account semplificato e il supporto per contratti intelligenti in linguaggi familiari come Rust e AssemblyScript hanno permesso a sviluppatori provenienti da vari ambiti di entrare nel mondo della blockchain senza la necessità di apprendere un nuovo linguaggio complesso.

La funzionalità di sharding permette inoltre alla rete di elaborare transazioni più velocemente, riducendo i costi di transazione e aumentando la capacità della blockchain. Questo rende NEAR una delle blockchain più efficienti per applicazioni decentralizzate (dApp), con un tempo di finalizzazione delle transazioni che si aggira intorno ai 2 secondi, significativamente più rapido rispetto a molte altre reti.

Contesto Storico e Visione di Mercato

NEAR Protocol è stato lanciato nel 2020 dal NEAR Collective, un gruppo di sviluppatori e ricercatori provenienti da aziende come Google, Microsoft e altre realtà tecnologiche. La sua nascita risponde a una necessità sempre più urgente nel mondo delle criptovalute: una blockchain veloce, economica e accessibile. In un mercato dominato da Ethereum e da soluzioni Layer 2, NEAR ha saputo distinguersi, attirando l'attenzione di investitori e sviluppatori grazie alla sua visione a lungo termine e alle sue soluzioni scalabili.

Nel 2021, NEAR ha lanciato la sua mainnet, con l'obiettivo di espandere l'adozione delle criptovalute e delle dApp. La blockchain ha rapidamente guadagnato popolarità grazie alla sua facilità d'uso, ma anche grazie al supporto di partner strategici come Microsoft e Chainlink, con l'intento di fare di NEAR una piattaforma di riferimento per applicazioni decentralizzate in vari settori.

Capitalizzazione di mercato e Circolante

Il valore di NEAR ha visto una crescita significativa negli ultimi anni. La sua capitalizzazione di mercato è passata da pochi milioni a miliardi di dollari, grazie al crescente interesse verso la sua rete e le sue soluzioni innovative. Al momento, la fornitura totale di NEAR è fissata a 1 miliardo di token, con circa 600 milioni di token in circolazione. Il token NEAR viene utilizzato per pagare le commissioni di transazione sulla rete, ma anche come incentivo per i validatori e gli sviluppatori. Con una rete in continua espansione e una forte domanda di soluzioni scalabili, la proiezione per il valore di NEAR nei prossimi anni è decisamente positiva.

Opinione Personale e Riflessione

Credo che NEAR Protocol abbia il potenziale per diventare una delle blockchain più importanti del futuro. La sua tecnologia innovativa, il focus sulla scalabilità e la semplicità d'uso la rendono una piattaforma ideale per sviluppatori e utenti che cercano una blockchain che funzioni senza compromettere la decentralizzazione o la sicurezza. Inoltre, la crescente adozione delle dApp su NEAR e il suo continuo sviluppo tecnologico fanno di questa piattaforma una delle più promettenti nel panorama delle criptovalute.

Con l'introduzione di Aurora e la sua compatibilità con Ethereum, NEAR sta sicuramente facendo passi avanti per diventare una piattaforma fondamentale per l'interoperabilità tra blockchain. Le partnership strategiche e l'attenzione alla sostenibilità della rete sono ulteriori indicatori che questo progetto ha una solida base per un futuro prospero.

Sito Ufficiale

Per maggiori informazioni, aggiornamenti e risorse sul progetto NEAR, ti invito a visitare il sito ufficiale del protocollo: *www.near.org*.

PEPE Coin: Una Criptovaluta Memetica con un Futuro Promettente

PEPE Coin (PEPE) è una criptovaluta che ha catturato l'attenzione di molti per la sua origine insolita e la sua forte connessione con il mondo dei meme. Nata nel contesto di internet, PEPE si inserisce nel lungo elenco di "memecoin", criptovalute il cui valore è fortemente legato alla cultura pop e all'umorismo online. Ma non lasciatevi ingannare dal suo carattere scherzoso: PEPE ha una comunità vivace e un seguito che, in poco tempo, ha saputo farla emergere nel mercato delle criptovalute.

Approfondimento Tecnico

PEPE Coin si distingue da altre criptovalute per il suo approccio "memetico" che unisce blockchain e cultura di internet. L'asset si basa su Ethereum, utilizzando la tecnologia ERC-20 per garantire la sua sicurezza e trasparenza. Questo standard rende PEPE altamente interoperabile con altre criptovalute e piattaforme decentralizzate, un aspetto cruciale per la crescita futura del progetto.

Dal punto di vista tecnico, la supply di PEPE è fissa, senza un meccanismo di inflazione. La tokenomics, quindi, gioca un ruolo fondamentale nel determinare l'interesse e la stabilità del suo valore nel lungo periodo. Sebbene non sia legata a un progetto concreto, la moneta si è guadagnata una posizione nel mercato grazie al suo forte appeal virale, che si alimenta continuamente con l'attività dei membri della community.

Scopo e Funzione

PEPE Coin non nasce con lo scopo di essere una criptovaluta per pagamenti tradizionali o una piattaforma decentralizzata avanzata, ma piuttosto come un fenomeno culturale. La sua funzione principale è quella di servire da "simbolo" nel mondo delle criptovalute, rappresentando una connessione tra tecnologia e umorismo digitale. PEPE vuole costruire una community globale che veda nella criptovaluta un modo per unirsi attorno a un meme, ma anche per sperimentare il potenziale delle tecnologie blockchain in modo più accessibile e divertente.

Contesto Storico e Visione di Mercato

PEPE Coin nasce come una reazione ai successi di altre monete memetiche, come Dogecoin e Shiba Inu. Se Dogecoin ha saputo guadagnare popolarità grazie alla sua "simpatia" e al supporto di figure influenti come Elon Musk, PEPE si inserisce in un contesto simile, ma con un focus maggiore sulla community e sulla cultura meme. A partire dal 2023, PEPE ha visto una rapida crescita, con un incremento significativo nel suo volume di scambi e nella capitalizzazione di mercato. La comunità di PEPE è fortemente attiva su piattaforme come Reddit e Twitter, dove vengono costantemente condivisi contenuti e aggiornamenti.

Nonostante il suo carattere scherzoso, PEPE ha mostrato un incredibile potenziale come simbolo nel mondo delle criptovalute. Con una base di utenti in continua espansione, non è difficile immaginare come possa giocare un ruolo più importante nel panorama delle memecoin.

Capitalizzazione di Mercato e Circolante

PEPE ha registrato una crescita impressionante in termini di capitalizzazione di mercato, anche se il suo valore rimane volatile, tipico delle criptovalute memetiche. La fornitura totale di PEPE è stata fissata in modo da evitare inflazioni incontrollate, ma l'asset rimane altamente speculativo. La sua volatilità può spaventare gli investitori più tradizionali, ma attrae coloro che vedono in PEPE un'opportunità di guadagno rapido, specialmente durante i periodi di alta domanda.

La sua circolazione è infatti un aspetto da considerare attentamente, poiché il flusso di scambi è fortemente influenzato dalla comunità online e dai trend virali. Tuttavia, va sottolineato che la grande visibilità di PEPE ha contribuito a mantenere un certo livello di interesse, con un volume di scambi giornalieri che può variare notevolmente a seconda degli eventi memetici.

Opinione Personale e Riflessione

Dal mio punto di vista, PEPE rappresenta un curioso caso di studio nel mondo delle criptovalute. Sebbene non abbia gli stessi fondamenti di valore di Bitcoin o Ethereum, la sua capacità di attrarre una base di utenti entusiasti dimostra che, anche in un mercato saturo, c'è spazio per nuovi progetti. Non bisogna sottovalutare il potere dei meme e della cultura pop, che in questo caso hanno creato una criptovaluta in grado di catalizzare l'attenzione di milioni di persone. Nonostante il rischio legato alla sua volatilità, PEPE può essere visto come un'opportunità per chi è disposto a scommettere sul lato più "giocoso" delle criptovalute. È chiaro che questo tipo di moneta ha bisogno di una solida comunità per crescere, ma potrebbe essere una buona porta d'ingresso per chi desidera esplorare il mondo delle criptovalute in modo più leggero e, perché no, divertente.

Sito Ufficiale

Per maggiori dettagli su PEPE Coin, ti invito a visitare il sito ufficiale *pepecoin.org*, dove puoi trovare aggiornamenti sulle ultime novità, la distribuzione dei token, e la roadmap futura del progetto.

Uniswap, il più grande exchange decentralizzato

Uniswap è un protocollo finanziario decentralizzato che permette di scambiare criptovalute e token, sfruttando la potenza delle reti blockchain decentralizzate e un software open-source. A differenza degli exchange centralizzati come Coinbase, Binance e OKEx, che sono gestiti da entità centralizzate, Uniswap opera completamente senza intermediari, dando vita a transazioni peer-to-peer sicure, immutabili e resistenti alla censura.

Uniswap è il più grande exchange decentralizzato al mondo, nonché il quarto per volume tra gli exchange di criptovalute. Questo protocollo consente di scambiare token ERC-20 ed ether (ETH) utilizzando un modello innovativo: anziché dipendere dalla domanda e offerta per determinare il prezzo dei token, Uniswap si affida a una formula matematica (Automated Market Maker - AMM) che regola il mercato in modo autonomo e continuo.

Anche se il protocollo ha dimostrato un'enorme potenzialità, uno dei principali limiti della rete Ethereum su cui Uniswap si basa è la scalabilità. La capacità di gestire transazioni al secondo è ancora un fattore limitante, e la congestione della rete Ethereum è una problematica ben nota, con l'aumento della domanda di scambi su Uniswap.

Token UNI: governance e distribuzione

Il token UNI è il cuore pulsante del protocollo Uniswap, utilizzato per governare la piattaforma e incentivare la partecipazione. Il protocollo è stato concepito da Hayden Adams, un ingegnere meccanico che ha avuto l'intuizione dopo aver letto un post di Vitalik Buterin sui mercati decentralizzati e gli AMM. Dopo aver lanciato un primo prototipo nel 2017, la versione finale di Uniswap è stata rilasciata nel 2018 su Ethereum, inizialmente con il supporto di tre token.

Nel 2020, Uniswap ha lanciato la versione 2 del protocollo, introducendo il concetto di pool di liquidità e migliorando l'efficienza degli scambi. Con il lancio di Uniswap v3 nel maggio 2021, sono stati introdotti nuovi strumenti per allocare liquidità in intervalli di prezzo personalizzati, aumentando la flessibilità per i fornitori di liquidità.

Uniswap ha mostrato il suo potenziale, soprattutto nel 2020, quando il volume di scambi è aumentato significativamente. A oggi, il protocollo è diventato uno dei punti di riferimento nel mondo DeFi, con oltre 250.000 indirizzi unici e più di 20 miliardi di dollari di volume scambiato. Oltre alla sua efficienza nelle transazioni, Uniswap ha saputo attrarre oltre 49.000 fornitori di liquidità (LP), generando più di 56 milioni di dollari di commissioni.

Distribuzione dei token UNI

Alla sua nascita, Uniswap ha coniato un miliardo di token UNI, destinati a una distribuzione graduale nel corso di quattro anni. La suddivisione è così strutturata:

- 60% alla comunità di Uniswap (600 milioni di UNI)
- 21,26% al team e ai dipendenti (212 milioni di UNI)
- 18,04% agli investitori (180 milioni di UNI)
- 0,69% ai consulenti (6,9 milioni di UNI)

A partire dal quarto anno, Uniswap prevede un tasso d'inflazione perpetua del 2% annuo, che servirà a mantenere attiva la partecipazione degli utenti e degli sviluppatori al protocollo.

Capitalizzazione di mercato e Circolante

Al momento, la capitalizzazione di mercato di Uniswap (UNI) è significativamente influenzata dal prezzo attuale del token e dal numero di token in circolazione. Con un'offerta massima di un miliardo di token UNI, e una distribuzione che continuerà per i prossimi anni, il valore di Uniswap ha visto fluttuazioni importanti, riflettendo sia l'adozione del protocollo che l'interesse degli investitori. Oggi, UNI ha una delle capitalizzazioni di mercato più alte tra i token DeFi, consolidandosi come uno dei principali asset nel settore.

Il circolante di UNI, ovvero il numero di token effettivamente in circolazione, aumenta ogni anno con il rilascio delle varie tranche di token, favorendo l'ingresso di nuovi partecipanti e di investitori a lungo termine nel progetto. A causa della politica di distribuzione graduale e del tasso di inflazione del 2%, la quantità di UNI disponibile sul mercato sarà destinata ad aumentare con il tempo, il che potrebbe influenzare il valore del token in futuro.

I vantaggi di Uniswap rispetto agli exchange tradizionali

Uniswap è basato su un sistema che elimina la necessità di un'autorità centrale, dando accesso diretto ai servizi finanziari a chiunque possieda una connessione internet. La trasparenza e la sicurezza sono garantite dalla blockchain di Ethereum, e il protocollo è progettato per essere resistente alla censura, offrendo la possibilità di accedere a scambi senza timori di controparte o di decisioni centralizzate che possano influenzare i mercati.

A differenza degli exchange centralizzati, Uniswap permette agli utenti di mantenere il controllo completo sui propri fondi, senza doverli depositare su una piattaforma di terze parti. Le operazioni di acquisto e vendita di token avvengono in modo diretto tra i partecipanti, attraverso una piattaforma che funziona senza interruzioni e senza la necessità di registrazione. L'interfaccia grafica, semplice e intuitiva, si integra perfettamente con wallet come

MetaMask, facilitando l'operazione di "swap" tra token.

Impatto e potenzialità future

Oggi, Uniswap è un pilastro fondamentale nell'ecosistema DeFi, e la sua continua evoluzione indica un futuro sempre più promettente. Con l'adozione di soluzioni di scalabilità come i Layer 2, Uniswap potrebbe ridurre drasticamente i costi di transazione e aumentare la velocità, facendo fronte alle limitazioni attuali della rete Ethereum. In questo contesto, il protocollo continuerà a evolversi, rafforzando la sua posizione nel panorama delle criptovalute.

Conclusioni personali

Uniswap ha rivoluzionato il concetto di scambio di criptovalute, rappresentando uno dei più chiari esempi di come la decentralizzazione possa essere applicata con successo al trading di asset digitali. Il suo modello di AMM ha reso più accessibili e efficienti gli scambi, riducendo la dipendenza dalle strutture centralizzate tradizionali. Riteniamo che il protocollo continuerà a crescere, contribuendo a plasmare un futuro in cui i servizi finanziari saranno sempre più accessibili, sicuri e decentralizzati.

Sito Ufficiale

Per maggiori dettagli, visita il sito ufficiale di Uniswap: *https://uniswap.org*

UNUS SED LEO: Il pilastro di Bitfinex nel panorama delle criptovalute

UNUS SED LEO (LEO) è il token nativo dell'ecosistema Bitfinex, uno degli exchange di criptovalute più antichi e influenti. Lanciato nel 2019, LEO è stato progettato per offrire vantaggi ai suoi detentori, come sconti sulle commissioni di trading, e per consolidare la resilienza dell'exchange in seguito a una sfida finanziaria significativa. Il nome latino, ispirato alla favola di Esopo, sottolinea l'unicità e la determinazione che contraddistinguono il progetto.

Approfondimento Tecnico

Il token LEO opera su una doppia blockchain: Ethereum (ERC-20) e EOS (standard EOSIO), offrendo agli utenti maggiore flessibilità e interoperabilità. Il suo design segue un approccio deflazionistico: una percentuale delle entrate di Bitfinex viene destinata al riacquisto e al burning di token LEO, riducendone il circolante. Questa strategia non solo rafforza la fiducia degli utenti ma mira anche a stabilizzare il valore del token nel tempo.

Scopo e Funzione

LEO offre una vasta gamma di benefici per i suoi detentori. I principali vantaggi includono sconti sulle commissioni di trading su Bitfinex, riduzioni sulle commissioni di prelievo e deposito e accesso privilegiato a servizi premium. Inoltre, il modello di burning promuove un valore crescente nel tempo, rendendolo un asset interessante sia per i trader che per gli investitori di lungo termine.

Contesto Storico e Visione di Mercato

UNUS SED LEO è nato nel maggio 2019 come risposta diretta a una perdita finanziaria subita da Bitfinex. Per colmare il deficit, l'exchange ha lanciato una Initial Exchange Offering (IEO), raccogliendo 1 miliardo di dollari in soli 10 giorni. Questo evento ha dimostrato la fiducia della comunità nell'exchange e nel progetto LEO. Nel corso degli anni, LEO ha consolidato la sua posizione come token di utilità tra i più innovativi nel panorama cripto, distinguendosi per il modello di burning dinamico e il supporto a due blockchain.

Capitalizzazione di Mercato e Circolante

Al momento, il token LEO ha una capitalizzazione di mercato che si aggira intorno ai **3,7 miliardi di dollari**, posizionandosi stabilmente nella classifica delle prime 20 criptovalute. L'offerta iniziale era fissata a 1 miliardo di token, ma grazie al costante programma di burning, il circolante si riduce progressivamente. Attualmente, il numero di token in circolazione è inferiore ai **940 milioni**, con un ritmo di burning accelerato dai ricavi di Bitfinex e da eventuali recuperi di fondi persi o bloccati.

Questa politica deflazionistica è stata accolta favorevolmente dagli investitori, contribuendo a mantenere stabile il valore del token anche in fasi di mercato ribassista. Ad esempio, nel 2021, nonostante le fluttuazioni generali del mercato, LEO ha mostrato una resilienza notevole, confermandosi come uno degli asset più affidabili del settore exchange.

Opinione Personale e Riflessione

Il progetto UNUS SED LEO rappresenta un esempio di come un'iniziativa nata da una crisi possa trasformarsi in un'opportunità vincente. Il modello di burning progressivo, unito alla solidità di Bitfinex come exchange, conferisce al token un'attrattiva unica. Tuttavia, è importante considerare che il successo di LEO è strettamente legato alla performance di Bitfinex: eventuali problematiche legali o operative potrebbero influire negativamente sul suo valore. Detto ciò, LEO continua a rappresentare un'opzione interessante per coloro che credono nella crescita a lungo termine dell'ecosistema Bitfinex.

Sito Ufficiale

Per ulteriori informazioni e aggiornamenti sul token LEO, è possibile consultare il sito ufficiale di Bitfinex: *https://www.bitfinex.com*.

Aptos (APT): La Blockchain Scalabile del Futuro – Tecnologia, Potenziale e Prospettive di Mercato

Aptos è una blockchain di nuova generazione, progettata per risolvere alcune delle sfide più persistenti nel panorama delle criptovalute. Con un'architettura scalabile e una velocità di transazione sorprendente, Aptos si posiziona come uno dei protagonisti emergenti nell'ambito delle blockchain ad alte prestazioni. Questo progetto nasce dall'esigenza di migliorare le limitazioni delle blockchain esistenti, come Bitcoin ed Ethereum, soprattutto in termini di velocità e costi di transazione. Con un team di esperti provenienti da Meta (ex Facebook) e una solida visione a lungo termine, Aptos punta a rivoluzionare il modo in cui interagiamo con i sistemi decentralizzati.

Approfondimento Tecnico

Aptos sfrutta una tecnologia innovativa denominata Block-STM, che consente la parallelizzazione delle transazioni. Questo significa che più operazioni possono essere eseguite simultaneamente, migliorando significativamente la scalabilità della rete rispetto alle blockchain tradizionali, che processano le transazioni in sequenza. Inoltre, la sua architettura è ottimizzata per ridurre al minimo i costi di transazione, mantenendo alte prestazioni e sicurezza. La blockchain Aptos si basa su un linguaggio di programmazione nativo chiamato Move, che è stato progettato per la sicurezza e la velocità delle transazioni.

Il protocollo è alimentato da un consensus mechanism chiamato AptosBFT (Byzantine Fault Tolerant), che garantisce che la rete sia sicura e resistente a attacchi malintenzionati, mantenendo l'affidabilità e la coerenza della blockchain. La blockchain di Aptos è compatibile con Ethereum, facilitando così la migrazione di dApp (applicazioni decentralizzate) e smart contract senza perdere in efficienza.

Scopo e Funzione

L'obiettivo principale di Aptos è fornire una piattaforma blockchain scalabile, sicura e ad alte prestazioni che possa supportare una vasta gamma di applicazioni decentralizzate, dai servizi finanziari alla gestione dei dati. Attraverso il suo design innovativo, Aptos cerca di risolvere le problematiche di congestione e alta latenza che affliggono le blockchain tradizionali, offrendo una soluzione più efficiente per gli sviluppatori e gli utenti. In sostanza, Aptos non è solo una blockchain, ma una piattaforma pronta ad accogliere l'adozione di massa di tecnologie decentralizzate in vari settori.

Contesto Storico e Visione di Mercato

Aptos nasce dalle esperienze maturate all'interno di Meta (ex Facebook), dove il team che ha creato questa blockchain ha lavorato su un progetto precedentemente chiamato **Diem**. La visione alla base di Aptos è quella di creare un sistema che possa facilitare transazioni veloci e sicure su larga scala, in un contesto globale dove la domanda di soluzioni blockchain sta crescendo esponenzialmente.

Nel corso degli anni, le blockchain tradizionali hanno faticato a superare i limiti in termini di scalabilità e velocità, creando un mercato pronto per l'ingresso di una piattaforma come Aptos. Il progetto si inserisce perfettamente nel contesto della crescente adozione di DeFi (finanza decentralizzata), NFT e Web3, offrendo un'infrastruttura che possa supportare un ecosistema digitale sempre più complesso.

Capitalizzazione di Mercato e Circolante

Aptos ha ottenuto una rapida attenzione da parte di investitori e sviluppatori grazie alle sue innovative caratteristiche tecniche e al team di esperti che lo supporta. Secondo gli ultimi dati disponibili (provenienti dal sito ufficiale di Aptos), la capitalizzazione di mercato si attesta attorno ai 2,5 miliardi di dollari, con un volume di scambi giornaliero che supera i 100 milioni di dollari. La distribuzione del token APT è pensata per garantire un'ampia partecipazione alla governance e alla crescita della rete, con una distribuzione mirata agli sviluppatori, agli investitori e ai membri della comunità.

Attualmente, il circolante di token APT è di circa 180 milioni di unità, con una supply totale prevista di circa 1 miliardo di token. Questo modello consente di mantenere una certa stabilità nel lungo periodo, evitando fenomeni inflattivi che potrebbero danneggiare gli investitori a lungo termine.

Opinione Personale e Riflessione

Aptos rappresenta una delle blockchain più promettenti nel panorama attuale, grazie alla sua capacità di superare le limitazioni tecniche delle blockchain tradizionali. La velocità delle transazioni e la capacità di ridurre i costi sono vantaggi notevoli che potrebbero attrarre sviluppatori e utenti alla ricerca di soluzioni più efficienti. Tuttavia, come ogni nuovo progetto, Aptos dovrà affrontare sfide legate all'adozione, alla concorrenza e alla sua capacità di scalare ulteriormente.

Inoltre, la crescente popolarità di Aptos potrebbe portare a una competizione più intensa con altre blockchain, come Solana e Ethereum 2.0, che stanno evolvendo per offrire soluzioni simili. In ogni caso, la solida base tecnica e l'approccio innovativo di Aptos lo rendono un progetto da monitorare attentamente nei prossimi anni.

Sito Ufficiale

Per ulteriori informazioni su Aptos e per rimanere aggiornati sui suoi sviluppi, puoi visitare il sito ufficiale del progetto: *https://aptos.org*.

Internet Computer (ICP): La Rete del Futuro

Internet Computer (ICP) è un progetto che si distingue per l'ambizioso obiettivo di ridefinire come funziona l'internet. Mentre altre blockchain si concentrano principalmente su transazioni sicure e decentralizzate, Internet Computer punta a estendere la decentralizzazione anche ai livelli superiori, creando un vero e proprio "internet decentralizzato". Grazie a questa piattaforma innovativa, è possibile sviluppare applicazioni web senza ricorrere a server tradizionali, riducendo la necessità di intermediari centralizzati e promuovendo una visione di internet libero, aperto e accessibile a tutti.

Approfondimento Tecnico

Internet Computer si differenzia per il suo modello di calcolo distribuito che va oltre le classiche blockchain. La rete è costituita da una serie di nodi che operano in modo sincronizzato per gestire sia i dati che il calcolo delle transazioni. Un concetto fondamentale su cui si basa ICP è il Canister, che permette di gestire smart contract in modo più avanzato rispetto alle tradizionali soluzioni. Questi "contenitori" di dati e logica possono interagire tra loro con alta efficienza e senza compromettere la sicurezza.

Un altro elemento chiave è il protocollo Chain Key Technology, che consente la gestione di tutta la rete come un'unica entità, riducendo la complessità e migliorando la scalabilità. Le transazioni e gli smart contract su Internet Computer sono anche più veloci, grazie alla capacità di eseguire oltre 1 milione di operazioni al secondo, un enorme vantaggio rispetto a blockchain come Ethereum.

Scopo e Funzione

L'obiettivo di ICP è trasformare il modo in cui le applicazioni vengono sviluppate e distribuite, rimuovendo la necessità di server centralizzati e creando una rete totalmente decentralizzata che consente la creazione di "servizi pubblici internet". In questo modo, le app non sono più ospitate su server centralizzati, ma piuttosto vengono distribuite sulla rete globale di nodi. Ciò comporta una maggiore privacy, riduzione dei costi e maggiore libertà per gli sviluppatori, che non dipendono più da giganti tecnologici come Amazon Web Services.

Contesto Storico e Visione di Mercato

L'idea alla base di Internet Computer è stata concepita dalla Dfinity Foundation, un'organizzazione no-profit con l'obiettivo di migliorare e decentralizzare Internet. Il progetto ha visto la luce nel 2016 e si è concretizzato con il lancio della mainnet nel maggio 2021. Nonostante la concorrenza di altre blockchain e piattaforme cloud, Internet Computer si distingue per la sua capacità di risolvere problemi storici di scalabilità e sicurezza, proponendo una visione unica di come dovrebbe essere il futuro dell'internet.

Con l'evoluzione della Web 3.0, Internet Computer si inserisce come un attore chiave, offrendo la possibilità di sviluppare applicazioni scalabili, sicure e indipendenti da intermediari. Il suo obiettivo è andare oltre i limiti di piattaforme come Ethereum, eliminando il bisogno di intermediari centralizzati nel processo di sviluppo delle applicazioni.

Capitalizzazione di Mercato e Circolante

Attualmente, la capitalizzazione di mercato di Internet Computer supera i 10 miliardi di dollari, posizionandosi tra i progetti di maggiore valore nel panorama delle criptovalute. Il token ICP, che è essenziale per il funzionamento della rete, ha visto un'oscillazione significativa del suo prezzo, con una posizione stabile intorno ai $30-$40 per unità al momento della stesura di questo capitolo.

Il totale dell'offerta di ICP è limitato a 469 milioni di token, di cui circa il 60% è distribuito tra investitori, sviluppatori e la Dfinity Foundation. La restante parte della supply è destinata a fornitori di liquidità e altri partecipanti alla rete. Inoltre, l'inflazione annuale è fissata al 10% fino al 2024, con una riduzione graduale nei successivi anni, un meccanismo che serve a incentivare il coinvolgimento attivo nella rete.

Opinione Personale e Riflessione

Personalmente, vedo in Internet Computer un progetto dal potenziale straordinario. La sua capacità di eliminare intermediari centralizzati, abbassare i costi operativi e offrire un ecosistema veramente decentralizzato è una proposta che risponde alle esigenze di un mercato sempre più attento alla privacy e all'autonomia. Nonostante la rete stia affrontando la competizione di altre blockchain, la sua proposta di servire da infrastruttura per l'intero web è senza dubbio una scommessa per il futuro, che potrà crescere a dismisura se saprà attrarre sviluppatori e investitori.

La sfida rimane nella gestione della scalabilità e nel mantenimento di un alto livello di sicurezza, ma la continua evoluzione tecnologica e l'impegno di Dfinity Foundation fanno ben sperare. A mio avviso, ICP è destinato a diventare una pietra miliare nella creazione di un internet aperto e decentralizzato, in grado di fornire servizi a livello globale, senza le limitazioni imposte dai colossi tecnologici.

Sito Ufficiale

Per maggiori informazioni su Internet Computer, sulla sua missione e sui dettagli tecnici, ti consiglio di visitare il sito ufficiale: *https://dfinity.org*.

Polygon (POL): La Soluzione Layer-2 per Ethereum

Negli ultimi anni, l'ecosistema delle criptovalute ha visto un crescente numero di progetti che cercano di risolvere i problemi di scalabilità delle blockchain. Polygon, inizialmente noto come MATIC, è una delle soluzioni più innovative nel panorama delle Layer-2. Si propone di migliorare la scalabilità di Ethereum tramite un'architettura parallela che consente transazioni più veloci e a costi inferiori, senza compromettere la sicurezza. Per chi è nuovo in questo campo, capire come Polygon stia agendo come "scalatore" di Ethereum è essenziale per comprendere il suo ruolo nell'evoluzione della blockchain.

Approfondimento Tecnico

Polygon è costruito sopra Ethereum, ma migliora notevolmente l'efficienza del network tramite l'uso di Plasma e zk-rollups. Queste tecnologie riducono la congestione della rete principale, diminuendo i costi di transazione e aumentando la velocità di elaborazione delle operazioni. Con il modello

Plasma, i dati vengono archiviati su catene secondarie, mentre gli zk-rollups utilizzano prove crittografiche per validare le transazioni in modo decentralizzato, mantenendo però la sicurezza di Ethereum.

Inoltre, Polygon supporta sia sidechains che la proof-of-stake (PoS), che rende il sistema più eco-sostenibile rispetto alla tradizionale proof-of-work. La piattaforma consente agli sviluppatori di costruire applicazioni decentralizzate (dApp) con una facilità e velocità superiore a quelle che si otterrebbero su Ethereum, ma senza rinunciare a tutte le caratteristiche che Ethereum offre, come la sicurezza e la compatibilità con le sue dApp esistenti.

Scopo e Funzione

Lo scopo di Polygon è semplice: offrire una piattaforma che possa rendere Ethereum più accessibile per tutti. Le principali funzionalità includono una maggiore scalabilità, tempi di risposta più rapidi e costi di transazione molto più bassi. Questo permette agli utenti e agli sviluppatori di godere di un'esperienza più fluida, migliorando l'adozione del sistema blockchain per usi più pratici, tra cui la finanza decentralizzata (DeFi), il gaming, e i metaversi. Con il token **MATIC** come unità di pagamento per le commissioni e la governance del sistema, Polygon offre un ecosistema completo per chi desidera costruire e interagire nel mondo delle criptovalute.

Contesto Storico e Visione di Mercato

La visione alla base di Polygon si è evoluta fin dai suoi inizi. Nato come MATIC nel 2017, il progetto ha visto una rapida crescita grazie alla sua promessa di rendere Ethereum più scalabile. All'inizio del 2021, MATIC ha iniziato a guadagnare notorietà grazie alla crescente adozione da parte di progetti DeFi, in particolare per le sue capacità di ridurre i costi e velocizzare le transazioni. Il passaggio al nome Polygon nel 2021 ha segnato una nuova fase, in cui il progetto ha deciso di aprirsi a una visione più ampia, non limitandosi a essere una soluzione Layer-2 per Ethereum, ma anche un'infrastruttura per diverse blockchain.

Nel contesto attuale del mercato delle criptovalute, Polygon si inserisce in un panorama competitivo che vede altre soluzioni Layer-2, come Arbitrum e Optimism, cercare di risolvere i medesimi problemi di scalabilità, ma con approcci leggermente differenti. Nonostante la concorrenza, la versatilità e l'interoperabilità di Polygon gli hanno consentito di ottenere una solida posizione di mercato.

Capitalizzazione di Mercato e Circolante

Ad oggi, Polygon vanta una capitalizzazione di mercato significativa, che lo colloca tra i principali progetti della scena criptovalutaria. La capitalizzazione di mercato di Polygon si aggira attualmente intorno ai 10 miliardi di dollari, con un prezzo per token che continua a fluttuare in base alla domanda del mercato. La quantità totale di MATIC in circolazione è limitata, con un massimo di 10 miliardi di token, di cui una parte è già stata distribuita, mentre un'altra è destinata a essere sbloccata nel tempo attraverso il programma di staking.

Con una solida base di sviluppatori e una comunità crescente, Polygon sta progettando di implementare ulteriori aggiornamenti e aumentare la propria adozione attraverso l'espansione in settori come la DeFi, i NFT e i giochi blockchain, rendendo la sua offerta ancora più appetibile per gli utenti e gli sviluppatori.

Opinione Personale e Riflessione

Guardando al futuro, Polygon è senza dubbio una delle soluzioni più promettenti per migliorare Ethereum e le altre blockchain. Grazie alla sua scalabilità e all'efficienza delle sue soluzioni, ha il potenziale per diventare un punto di riferimento per applicazioni decentralizzate in vari settori. La crescente attenzione verso l'ecosistema DeFi, il gaming e gli NFT offre a Polygon un'opportunità unica di espandersi ulteriormente, aumentando così la domanda di MATIC. Tuttavia, l'ecosistema delle criptovalute è in rapida evoluzione e la competizione tra le piattaforme Layer-2 è sempre più accesa. Il futuro di Polygon dipenderà dalla sua capacità di adattarsi alle sfide future e di continuare a innovare.

Sito Ufficiale

Per chi desidera saperne di più su Polygon, il sito ufficiale è disponibile all'indirizzo *https://polygon.technology*. Qui si possono trovare informazioni dettagliate su come funziona la piattaforma, oltre a notizie sugli sviluppi più recenti e sugli aggiornamenti tecnici.

DAI: La Stablecoin Decentralizzata che Sta Ridisegnando la Finanza Digitale

DAI è una stablecoin decentralizzata, ancorata al valore del dollaro statunitense, che si distingue per la sua struttura completamente decentralizzata. A differenza di altre stablecoin, che sono supportate da riserve fiat centralizzate, DAI è gestita attraverso un sistema di smart contract su Ethereum e stabilisce il suo valore attraverso una serie di meccanismi di garanzia in criptovalute. La sua popolarità è cresciuta all'interno del mondo DeFi, poiché consente di mantenere un valore stabile senza il bisogno di un'autorità centrale.

Approfondimento Tecnico

DAI funziona tramite un sistema di smart contract denominato "Maker Protocol", che opera su Ethereum. Gli utenti possono mintare DAI mettendo come collaterale altre criptovalute come Ether (ETH) e altre asset digitali. In pratica, per ogni unità di DAI emessa, c'è una riserva di collaterale che può essere liquidata in caso di fluttuazioni di mercato, garantendo così il valore stabile della stablecoin. Il tasso di interesse sulle transazioni di DAI è determinato dal sistema di governance del MakerDAO, che è gestito dalla comunità degli utenti attraverso un modello di voto e decisioni decentralizzate.

Scopo e Funzione

Il principale scopo di DAI è quello di fungere da riserva di valore stabile all'interno degli ecosistemi DeFi. Grazie alla sua decentralizzazione, gli utenti possono scambiare DAI senza la necessità di intermediari, riducendo i costi e aumentando l'accesso a piattaforme globali. Inoltre, la possibilità di generare DAI come prestito garantito attraverso il Maker Protocol consente a molti di accedere a liquidità senza dover vendere i propri asset.

Contesto Storico e Visione di Mercato

DAI è stato creato nel 2017 da MakerDAO, un'organizzazione autonoma decentralizzata, come risposta alla necessità di una stablecoin che non fosse soggetta ai rischi di centralizzazione. Rispetto ad altre stablecoin come Tether (USDT) e USD Coin (USDC), DAI si è differenziata per la sua natura completamente decentralizzata, rimanendo fedele al principio che nessuna entità centrale dovesse gestire la sua emissione o i suoi fondi. Oggi DAI è uno dei pilastri dell'ecosistema DeFi, con una continua crescita della sua adozione da parte di utenti, istituzioni e piattaforme finanziarie.

Capitalizzazione di Mercato e Circolante

Secondo i dati aggiornati da CoinMarketCap, DAI ha una capitalizzazione di mercato che si aggira intorno ai 5 miliardi di dollari. Il circolante di DAI è costantemente in movimento, poiché viene mintato o bruciato attraverso l'interazione con il protocollo MakerDAO. Grazie alla sua struttura, DAI è anche una delle stablecoin con il più basso rischio di inflazione, poiché il sistema di garanzia assicura che l'offerta di DAI sia strettamente legata al valore delle criptovalute collaterali. È importante notare che la capitalizzazione di mercato di DAI è influenzata da fattori come la crescita del mercato DeFi, l'adozione di soluzioni decentralizzate e l'interesse degli utenti per soluzioni più stabili rispetto alle criptovalute tradizionali.

Opinione Personale e Riflessione

DAI rappresenta una delle innovazioni più significative nell'ecosistema delle criptovalute. La sua capacità di mantenere un valore stabile senza l'intervento di istituzioni centralizzate lo rende una scelta ideale per coloro che cercano un'alternativa decentralizzata alle tradizionali valute fiat. Personalmente, credo che DAI abbia un enorme potenziale di crescita, non solo come stablecoin, ma come un "ponte" tra il mondo delle criptovalute e quello della finanza tradizionale. Con l'espansione continua della DeFi e il crescente interesse per soluzioni senza intermediari, DAI potrebbe diventare un elemento fondamentale nel panorama finanziario globale.

Sito Ufficiale

Per maggiori informazioni su DAI e su come partecipare al protocollo MakerDAO, visita il sito ufficiale *www.makerdao.com*. Qui puoi trovare tutte le informazioni su come ottenere, scambiare e utilizzare DAI all'interno delle piattaforme DeFi.

Cronos (CRO): La Blockchain che Sta Rivoluzionando il Settore delle Criptovalute

Nel vasto panorama delle criptovalute, Cronos (CRO) si sta rapidamente imponendo come una delle blockchain più promettenti. Seppur in una fase relativamente giovane, il progetto ha già guadagnato una significativa attenzione grazie alla sua capacità di supportare applicazioni decentralizzate (dApp) e la sua integrazione con Crypto.com, una delle piattaforme di scambio di criptovalute più popolari al mondo. In questa guida, esploreremo insieme cosa rende Cronos un progetto così interessante, sia per gli utenti alle prime armi che per gli esperti del settore.

Approfondimento Tecnico

Cronos è una blockchain ad alte prestazioni, progettata per supportare applicazioni decentralizzate (dApp) e contratti intelligenti. Si basa su Cosmos SDK, una tecnologia che permette di costruire blockchain interoperabili, e utilizza il Tendermint BFT come meccanismo di consenso, che garantisce transazioni rapide e sicure. Il progetto è stato sviluppato da Crypto.com, con l'obiettivo di risolvere alcuni dei problemi legati alla scalabilità che affliggono altre blockchain come Ethereum.

Uno degli aspetti più innovativi di Cronos è il suo supporto per il Cross-Chain Communication, che consente agli sviluppatori di interagire facilmente con altre blockchain come Ethereum e Binance Smart Chain. In questo modo, Cronos facilita una maggiore interoperabilità tra diverse piattaforme, un fattore cruciale per la crescita dell'ecosistema DeFi (finanza decentralizzata).

Scopo e Funzione

L'obiettivo primario di Cronos è quello di offrire una piattaforma veloce, sicura e scalabile per applicazioni decentralizzate. Grazie alla sua compatibilità con Ethereum Virtual Machine (EVM), gli sviluppatori possono facilmente portare le loro applicazioni Ethereum su Cronos, riducendo i costi e aumentando la velocità delle transazioni. Cronos è quindi una blockchain che punta ad essere non solo un'alternativa, ma una piattaforma in grado di migliorare l'esperienza utente grazie alla sua efficienza e alla sua capacità di gestire milioni di transazioni al secondo.

Contesto Storico e Visione di Mercato

Lanciato nel novembre del 2021, Cronos è nato come risposta alla crescente domanda di soluzioni blockchain scalabili e interoperabili. Il progetto è supportato da Crypto.com, un gigante delle criptovalute che ha già una solida base di utenti globali. La visione di Cronos si inserisce in un panorama in rapida evoluzione, dove la necessità di blockchain che supportano applicazioni complesse, come quelle nel settore DeFi, è sempre più evidente.

Nel corso dei primi mesi, Cronos ha attratto numerosi sviluppatori e investitori, grazie anche alla sua integrazione diretta con la piattaforma Crypto.com. Con il crescente supporto di dApp, progetti di finanza decentralizzata e soluzioni per il gaming, Cronos ha iniziato a distinguersi nel panorama delle blockchain moderne.

Capitalizzazione di Mercato e Circolante

A dicembre 2024, Cronos (CRO) ha una capitalizzazione di mercato che supera i 10 miliardi di dollari. Questo posizionamento nel mercato è il risultato di una crescita costante e della fiducia che gli utenti ripongono nel progetto. Il token CRO, che funge da moneta di scambio all'interno dell'ecosistema Crypto.com, è utilizzato per pagare le commissioni sulle transazioni e come parte integrante dei programmi di staking e ricompense.

Il circolante di CRO è di circa 25 miliardi di token, con una distribuzione che prevede un'importante porzione destinata alla comunità e agli sviluppatori, incentivando la crescita e l'adozione della blockchain. Tuttavia, la supply totale è fissata a 30 miliardi, il che significa che l'emissione di nuove monete potrebbe influire sulla dinamica dei prezzi in futuro.

Opinione Personale e Riflessione

Nel panorama in continua evoluzione delle criptovalute, Cronos si presenta come una delle soluzioni più promettenti, soprattutto per la sua capacità di integrare facilmente dApp e migliorare la scalabilità delle blockchain. La sua partnership con Crypto.com gli conferisce una base solida di utenti e un supporto istituzionale che lo rende ancora più interessante. Tuttavia, come con qualsiasi progetto innovativo, rimangono delle sfide, in particolare legate alla concorrenza di altre blockchain consolidate come Ethereum e Binance Smart Chain.

Se il progetto riuscirà a mantenere la sua velocità di crescita e ad attrarre sempre più sviluppatori, è probabile che Cronos giochi un ruolo da protagonista nell'evoluzione dell'ecosistema blockchain nei prossimi anni. Personalmente, credo che questa blockchain abbia tutte le carte in regola per affermarsi come una delle principali piattaforme per le applicazioni decentralizzate, soprattutto nel settore della finanza decentralizzata (DeFi).

Sito Ufficiale

Per ulteriori dettagli sul progetto, sugli sviluppi in corso e su come iniziare a utilizzare Cronos (CRO), ti consiglio di visitare il sito ufficiale *https://cronos.org* e il Whitepaper, che forniscono una panoramica approfondita e tecnica sul funzionamento della blockchain e sulle opportunità offerte agli sviluppatori e agli utenti.

VeChain: la Blockchain che Rivoluziona l'Autenticità e il Tracciamento dei Prodotti

VeChain è una blockchain nata nel 2015 sulla rete Ethereum e divenuta indipendente nel 2018 con la sua piattaforma proprietaria VeChainThor. Ideata per risolvere problemi di autenticità e tracciamento nella filiera produttiva, VeChain si rivolge principalmente alle grandi imprese, permettendo di certificare i prodotti lungo l'intera catena di distribuzione. Questa innovativa soluzione è ideale per industrie come la moda, il lusso, l'agricoltura, e i liquori, offrendo trasparenza e sicurezza.

Approfondimento Tecnico

VeChain utilizza un modello a doppio token:
- **VET**: il token principale per le transazioni e altre attività economiche.
- **VTHO**: un "gas token" utilizzato per pagare le commissioni di transazione. I possessori di VET guadagnano passivamente VTHO, incentivando la partecipazione alla rete. La blockchain adotta un algoritmo di consenso Proof of Authority (PoA), che

assicura efficienza, scalabilità e costi contenuti rispetto ad altri modelli di consenso come Proof of Work.

Scopo e Funzione

Il sistema di VeChain si basa sulla trasformazione digitale della supply chain. Attraverso un ecosistema distribuito, decentralizzato e sicuro, consente di tracciare ogni fase di produzione e distribuzione, garantendo l'autenticità del prodotto finale senza affidarsi a entità centralizzate. Questa tecnologia è particolarmente apprezzata per applicazioni come il controllo di qualità, la certificazione dell'origine e la gestione dei rischi.

Contesto Storico e Visione di Mercato

VeChain è stata fondata da Sunny Lu, ex CEO di Louis Vuitton China, e Jay Zhang, ex dirigente di Deloitte e PwC. Grazie alle loro esperienze nei settori del lusso e della finanza, hanno creato una blockchain solida, pensata per risolvere problemi concreti delle aziende. Tra i partner di prestigio figurano BMW, De

Cecco e PwC, che utilizzano la piattaforma per migliorare la trasparenza e l'efficienza nelle loro operazioni.

Negli anni, VeChain ha consolidato la sua presenza globale diventando un punto di riferimento per soluzioni blockchain nell'industria. Il suo obiettivo è creare un ecosistema che renda il controllo qualità un processo fluido e automatizzato.

Capitalizzazione di Mercato e Circolante

VeChain ha una fornitura massima di 86.712.634.466 VET, di cui circa il 70% è attualmente in circolazione, pari a 64.315.576.989 VET.

- **Prezzo minimo storico**: €0.001453 (13 marzo 2020).
- **Prezzo massimo storico**: €0.2409 (17 aprile 2021).
- **Prezzo attuale**: circa **€0.099**.

Questi dati dimostrano la resilienza del progetto e il suo potenziale di crescita, sostenuto dall'adozione industriale e dall'evoluzione tecnologica.

Opinione Personale e Riflessione

VeChain rappresenta un esempio virtuoso di come la blockchain possa uscire dai confini delle criptovalute speculative per risolvere problemi reali. La sua capacità di integrarsi con industrie tradizionali e digitalizzare processi complessi la rende un progetto all'avanguardia. Il modello a doppio token è innovativo, mentre le partnership con giganti come BMW e PwC rafforzano la sua credibilità. Tuttavia, per mantenere il vantaggio competitivo, VeChain dovrà continuare a innovare, sviluppando nuove applicazioni e attirando altre industrie chiave.

Concludendo, VeChain si conferma un progetto solido e ambizioso, capace di coniugare tecnologia blockchain e applicazioni pratiche, con un futuro promettente nel panorama industriale globale.

Sito Ufficiale

Per ulteriori informazioni e per esplorare il Whitepaper dettagliato di VeChain, visita il sito ufficiale: *vechain.org*.

Ethereum Classic: Il Custode dell'Originale Visione di Ethereum

Ethereum Classic (ETC) è una delle criptovalute più significative nel panorama delle blockchain, nata da un *hard fork* che ha separato il progetto Ethereum in due direzioni differenti. Spesso definito come il "fratello tradizionalista" di Ethereum, Ethereum Classic si distingue per il suo impegno nel mantenere la filosofia originale della blockchain: l'immutabilità. Ma cosa significa, in concreto, questa immutabilità per chi si avvicina per la prima volta al mondo delle criptovalute? In sostanza, Ethereum Classic rappresenta una blockchain che non può essere modificata, nemmeno in caso di eventi drammatici, come è accaduto con l'hack del DAO nel 2016. La sua esistenza pone un interrogativo fondamentale: fino a che punto siamo disposti a sacrificare la sicurezza per mantenere l'integrità del codice? E se fossimo noi a decidere, come la blockchain dovrebbe evolversi?

Approfondimento Tecnico (Per il Pubblico Esperto)

Ethereum Classic è una piattaforma blockchain open-source che supporta contratti intelligenti (*smart contract*) e applicazioni decentralizzate (dApp). Tecnicamente, ETC mantiene molte delle caratteristiche iniziali di Ethereum, ma con una filosofia differente: mentre Ethereum ha scelto di evolversi con la Proof of Stake (PoS), Ethereum Classic continua a basarsi sulla Proof of Work (PoW). Questo approccio tradizionalista assicura una maggiore resistenza alla censura, ma richiede anche un maggiore dispendio energetico.

Dal punto di vista economico, Ethereum Classic ha una fornitura massima di 210.7 milioni di token, a differenza di Ethereum, che non ha un limite fisso. Al momento, circa 140 milioni di ETC sono già in circolazione. Il token viene minato da chi partecipa alla rete con il PoW, ma il tempo di blocco delle transazioni è di circa 15 secondi, più rapido rispetto a Ethereum, che ha un tempo di blocco di circa 13 secondi. Inoltre, la sicurezza della rete è garantita dalla potenza di calcolo distribuita tra i miner, che validano le transazioni e proteggono la blockchain da attacchi esterni.

In termini di uso pratico, Ethereum Classic è stato adottato da diversi sviluppatori e progetti che necessitano di una piattaforma altamente sicura e immutabile, specialmente in contesti dove la trasparenza è fondamentale.

Scopo e Funzione

Ethereum Classic si distingue principalmente per la sua adesione al principio *"Code is Law"* (Il codice è legge), una filosofia che implica che una volta che una transazione è stata registrata sulla blockchain, non può più essere modificata. In un mondo dove i dati vengono spesso alterati e manipolati, questa promessa di immodificabilità è l'essenza stessa della visione di Ethereum Classic.

Il suo scopo non è solo quello di servire come criptovaluta, ma di essere la piattaforma su cui costruire applicazioni che non possano essere cambiate o censurate. Ethereum Classic è ideale per sviluppatori e aziende che vogliono garantire che i contratti intelligenti siano permanenti e che la loro rete rimanga al di fuori del controllo di terzi. Alcuni esempi di utilizzo di Ethereum Classic includono progetti legati a registri di proprietà, applicazioni governative che richiedono trasparenza e integrità, e piattaforme di finanza decentralizzata (DeFi).

Contesto Storico e Visione di Mercato

La storia di Ethereum Classic è intimamente legata a un evento che ha segnato la comunità di Ethereum: l'hack del DAO nel 2016. Il progetto, che mirava a creare un'organizzazione autonoma decentralizzata, venne compromesso a causa di una vulnerabilità nel codice. I fondi rubati ammontavano a circa 50 milioni di dollari, e la comunità di Ethereum decise di fare un *hard fork* per "ripristinare" il valore perduto, modificando la blockchain.
Questa decisione, però, non fu condivisa da tutti. Una parte della comunità rifiutò l'idea di alterare la blockchain e ha continuato a mantenere viva la versione originale: Ethereum Classic. Da allora, Ethereum Classic ha perseguito la sua visione di una rete completamente decentralizzata e immutabile,

nonostante la crescente concorrenza da parte di Ethereum e di altre blockchain emergenti.

Nel mercato attuale, Ethereum Classic ha trovato una sua nicchia, attirando sviluppatori e investitori che condividono i suoi ideali. La comunità si è costruita sulla fiducia nella trasparenza e nella sicurezza, valori fondamentali che la distinguono dai progetti più centralizzati. Nonostante le sfide, il futuro di Ethereum Classic sembra promettente, con un crescente interesse da parte di settori che richiedono soluzioni blockchain sicure e stabili.

Capitalizzazione di Mercato e Circolante

Ethereum Classic, pur essendo meno conosciuto rispetto ad Ethereum, è una delle criptovalute con la maggiore capitalizzazione di mercato, stabilizzandosi attorno ai 3 miliardi di dollari (dato aggiornato a dicembre 2024). La sua offerta totale di 210.7 milioni di token lo rende una criptovaluta con un potenziale di crescita a lungo termine, particolarmente attraente per chi cerca una risorsa deflazionistica. Attualmente, circa 140 milioni di ETC sono in circolazione, con un numero crescente di miner che partecipano alla validazione delle transazioni attraverso il PoW.

Il valore di ETC è in continua fluttuazione, influenzato dalla domanda di miner, dall'adozione della piattaforma da parte di nuove dApp e dal crescente interesse di investitori che cercano diversificazione nel proprio portafoglio di criptovalute. A lungo termine, la stabilità della rete e l'immutabilità della blockchain possono giocare un ruolo cruciale nel definire il successo del progetto.

Opinione Personale e Riflessione

Ethereum Classic è una criptovaluta che incarna perfettamente la tensione tra innovazione e tradizione. La sua decisione di non cedere alla tentazione di modificare la blockchain è un atto di fede nella decentralizzazione e nell'immodificabilità dei dati. Tuttavia, questa visione purista comporta anche delle sfide, come la minore adozione rispetto ad altri ecosistemi più evoluti e la limitata interoperabilità con altre piattaforme.

Nonostante ciò, credo che Ethereum Classic abbia un valore fondamentale nel panorama delle criptovalute: quella capacità di mantenere integra la propria blockchain, indipendentemente dalle circostanze, è ciò che lo rende un progetto interessante per chi cerca un'alternativa solida alle soluzioni più "flessibili". Eppure, non possiamo fare a meno di chiederci: quale sarà il futuro di Ethereum Classic nel panorama delle blockchain? In un mondo che cambia rapidamente, sarà in grado di mantenere la sua posizione, o finirà per essere soppiantato dalle soluzioni più innovative? Solo il tempo lo dirà.

Sito Ufficiale

Per approfondire ulteriormente Ethereum Classic, esplorare il suo whitepaper o seguire le ultime novità, ti invito a visitare il sito ufficiale: *ethereumclassic.org*. Qui troverai tutte le risorse necessarie per conoscere meglio il progetto e le sue evoluzioni.

Bittensor TAO: La Blockchain Decentralizzata per l'Intelligenza Artificiale

Bittensor è una blockchain innovativa che unisce due mondi all'apparenza lontani: la decentralizzazione della blockchain e l'intelligenza artificiale (IA). Ma cosa significa, in termini semplici, tutto questo? Bittensor crea una piattaforma dove chiunque può partecipare all'addestramento e alla distribuzione di modelli di IA decentralizzati. La sua promessa è quella di rendere l'IA più accessibile, equa e meno dipendente dai colossi tecnologici. In altre parole, offre la possibilità di contribuire a un ecosistema di intelligenza artificiale aperto, dove l'apprendimento e l'innovazione sono distribuiti su una rete globale di partecipanti.

Se hai mai pensato che l'accesso alle risorse per l'IA fosse troppo centralizzato nelle mani di pochi, Bittensor potrebbe rappresentare una risposta concreta. Ma andiamo oltre e scopriamo come funziona realmente questo progetto e cosa lo rende tanto interessante.

Approfondimento Tecnico

Bittensor si basa su un protocollo che incoraggia la collaborazione tra nodi distribuiti, i quali mettono a disposizione la propria potenza di calcolo per l'addestramento di modelli di IA. Ogni nodo che partecipa alla rete viene ricompensato con il token nativo del progetto, **TAO**, in base al valore che apporta al sistema. Il valore di un nodo è determinato dal suo contributo nell'addestramento dei modelli di IA, attraverso un meccanismo di staking che premia il contributo significativo.

L'architettura della rete si fonda su un concetto di "economia della conoscenza", dove l'intelligenza artificiale non è più una risorsa centralizzata nelle mani di pochi, ma viene distribuita e ottimizzata grazie alla partecipazione di miner e sviluppatori di tutto il mondo. I partecipanti possono sia addestrare modelli esistenti, sia contribuire con nuovi algoritmi, migliorando così l'intelligenza collettiva della rete.

La blockchain di Bittensor non solo garantisce la sicurezza delle transazioni tra i partecipanti, ma crea anche un registro immutabile delle interazioni tra i nodi e dei modelli di IA sviluppati. Questo registro può essere utilizzato per tracciare l'efficacia dei vari modelli, promuovendo la trasparenza e l'affidabilità. La rete utilizza una combinazione di **Proof of Stake (PoS)** e **Proof of Work (PoW)**, dove i partecipanti sono incentivati a fornire risorse computazionali per guadagnare ricompense in TAO. Questo approccio permette di coniugare la sicurezza della blockchain con l'efficienza del calcolo distribuito, facilitando la crescita e l'evoluzione dell'ecosistema.

Scopo e Funzione

L'obiettivo principale di Bittensor è democratizzare l'accesso e lo sviluppo dell'intelligenza artificiale. Tradizionalmente, la creazione e l'addestramento di modelli di IA sono stati dominio esclusivo di grandi aziende e istituzioni, che possiedono risorse enormi. Bittensor nasce con l'ambizione di abbattere questa barriera, permettendo a chiunque disponga di potenza di calcolo di contribuire allo sviluppo di IA in maniera aperta e decentralizzata.

La piattaforma non si limita a rendere disponibili i modelli di IA, ma crea anche un sistema per scambiare risorse computazionali, token e conoscenza, creando un ambiente in cui chiunque può partecipare alla creazione di intelligenza artificiale. In questo modo, la rete promuove una vera **economia dell'innovazione**, dove ogni partecipante può beneficiare di ricompense per il proprio contributo al miglioramento delle tecnologie di IA.

Contesto Storico e Visione di Mercato

Bittensor è nato come risposta alla crescente centralizzazione del potere computazionale nell'ambito dell'intelligenza artificiale. In un contesto in cui pochi attori dominano il panorama, Bittensor mira a distribuire equamente la capacità di sviluppare e addestrare modelli di IA, creando un ecosistema aperto e collaborativo. La blockchain, attraverso la sua decentralizzazione, consente di dare potere a un numero maggiore di individui, riducendo il rischio di monopolio nel settore.

La visione di mercato di Bittensor si allinea con la crescita del mercato delle IA e la crescente attenzione verso soluzioni decentralizzate in vari settori. Il progetto potrebbe rappresentare il futuro dell'innovazione nell'intelligenza artificiale, unificando le risorse di calcolo distribuite attraverso la blockchain e creando un'opportunità per sviluppatori, ricercatori e imprenditori di tutto il mondo. Con l'evoluzione della tecnologia blockchain e l'integrazione crescente con l'IA, Bittensor ha il potenziale per diventare uno dei principali attori in questo campo.

Capitalizzazione di Mercato e Circolante

La capitalizzazione di mercato di Bittensor è in continua evoluzione, grazie all'interesse crescente verso la sua proposta unica. Al momento della scrittura (dicembre 2024), la capitalizzazione di mercato si attesta intorno ai 500 milioni di dollari, ma questo valore potrebbe subire fluttuazioni in base alla domanda di risorse computazionali e alla partecipazione al network. La fornitura totale di TAO è limitata a 21 milioni, e la quantità in circolazione continua a crescere lentamente, favorendo l'incentivazione dei partecipanti al network.
L'andamento della capitalizzazione è strettamente legato all'espansione della rete e all'integrazione di nuovi utenti. Investitori e partecipanti al network

possono monitorare in tempo reale i dati riguardanti la capitalizzazione e l'andamento del token TAO sui principali portali di tracking, come CoinMarketCap.

Opinione Personale e Riflessione

Bittensor rappresenta una delle innovazioni più affascinanti nel panorama della blockchain e dell'intelligenza artificiale. La sua capacità di democratizzare l'accesso alla creazione di IA potrebbe cambiare radicalmente le dinamiche del settore, riducendo il controllo centralizzato e promuovendo l'innovazione a livello globale. Credo che il progetto abbia un potenziale straordinario e che possa aprire la strada a nuovi modelli di collaborazione, dove l'intelligenza collettiva, supportata dalla blockchain, crea una base solida per il futuro della tecnologia.

Tuttavia, non possiamo ignorare le sfide che Bittensor dovrà affrontare. Per emergere come leader nel settore, dovrà continuare ad attrarre sviluppatori, miner e aziende, mantenendo un equilibrio tra decentralizzazione e scalabilità. Se riuscirà a farlo, credo che avrà un impatto significativo nell'ambito dell'IA e della blockchain nei prossimi anni, creando nuove opportunità di business e di innovazione.

Sito Ufficiale

Per maggiori informazioni su Bittensor, il suo whitepaper, le ultime novità e per scoprire come partecipare alla rete, visita il sito ufficiale: *bittensor.com*.

Filecoin (FIL): La Criptovaluta per il Cloud Storage Decentralizzato

Filecoin (FIL) è una criptovaluta che sta emergendo come una delle soluzioni più interessanti nel settore del cloud storage. La sua proposta è semplice ma rivoluzionaria: invece di affidarsi a colossi centralizzati come Google o Amazon per memorizzare i propri dati, Filecoin crea una rete decentralizzata dove chiunque può "affittare" spazio di archiviazione inutilizzato sui dischi rigidi di altri utenti. Ciò consente di abbattere i costi, ridurre la centralizzazione dei dati e, soprattutto, garantire una sicurezza maggiore, lontano dai pericoli di hackeraggi o da politiche aziendali discutibili. Un sistema che, grazie alla blockchain, garantisce trasparenza e controllo su ogni operazione. Con Filecoin, la gestione dei dati diventa più accessibile e sicura, aprendo nuove opportunità in un mercato in rapida evoluzione.

Approfondimento Tecnico

Filecoin si distingue per l'uso di due algoritmi di consenso avanzati: proof-of-replication (PoRep) e proof-of-spacetime (PoSt). PoRep garantisce che ogni blocco di dati venga effettivamente replicato in modo unico da ciascun miner, mentre PoSt verifica che i miner conservino questi dati per l'intero periodo richiesto. Questo sistema assicura la sicurezza della rete e impedisce qualsiasi tentativo di frode, come la manomissione dei dati o l'incapacità di mantenere i file richiesti.

Inoltre, la rete di Filecoin è progettata per ottimizzare la latency (latenza) e per scalare rapidamente, grazie alla sua struttura decentralizzata. Con l'aumento dei miner, la capacità di archiviazione della rete cresce esponenzialmente, il che permette di soddisfare una crescente domanda senza compromettere la sicurezza o l'efficienza. I miner ricevono ricompense in FIL per mettere a disposizione il loro spazio di archiviazione e per mantenere i dati in modo sicuro. Rispetto ad altre soluzioni di storage decentralizzato come Siacoin o Storj, Filecoin offre una maggiore scalabilità e robustezza, rendendolo una scelta attraente per chi cerca un sistema di archiviazione affidabile e innovativo.

Scopo e Funzione

Il cuore della missione di Filecoin è ridurre la centralizzazione dei dati, una problematica che affligge molte delle piattaforme di archiviazione esistenti. Grazie a un sistema decentralizzato, Filecoin consente a chiunque possieda spazio di archiviazione inutilizzato di metterlo a disposizione di chi necessita di memoria, guadagnando FIL in cambio. Il risultato è una soluzione più economica e sicura, con costi inferiori rispetto ai servizi centralizzati, ma anche con la garanzia che i dati non siano sotto il controllo di pochi attori.

Un altro aspetto fondamentale è la scalabilità della rete. Con l'aumento dei miner, la capacità di archiviazione della rete cresce senza compromettere l'efficienza, e la domanda di spazio di archiviazione può essere soddisfatta in modo più economico. Filecoin si propone come una valida alternativa ai provider centralizzati, che troppo spesso possono essere vulnerabili o agire in conflitto con gli interessi degli utenti. Inoltre, grazie alla sua trasparenza, il sistema garantisce che i dati siano sicuri e che il controllo rimanga in mano agli utenti stessi.

Contesto Storico e Visione di Mercato

Lanciato nel 2017 da Protocol Labs, Filecoin ha rapidamente catturato l'attenzione di investitori e sviluppatori, raccogliendo oltre 250 milioni di dollari tramite la sua ICO (Initial Coin Offering). Il progetto è stato sviluppato con l'obiettivo di risolvere la crescente centralizzazione dei dati e della gestione delle informazioni, creando una piattaforma di archiviazione decentralizzata che consenta agli utenti di avere il controllo completo sui propri dati.

Nel corso degli anni, Filecoin ha subito numerosi aggiornamenti e miglioramenti al protocollo, consolidando la sua posizione nel mercato delle criptovalute e dei servizi di archiviazione decentralizzata. La rete ha registrato una crescita costante, con l'adozione da parte di grandi aziende e sviluppatori, e si è evoluta anche grazie all'introduzione di nuove funzionalità. Il progetto ha come visione un ecosistema di archiviazione globale, sicuro e decentralizzato, che può competere con i grandi provider di cloud storage, rendendo la gestione dei dati più accessibile, economica e sicura.

Con la sua crescente base di utenti e l'espansione della rete, Filecoin è ben posizionato per continuare a evolversi come protagonista nel campo del cloud storage. La sua capacità di rispondere alle esigenze del mercato delle criptovalute e di scalare rapidamente lo rende una delle piattaforme più promettenti per il futuro.

Capitalizzazione di Mercato e Circolante

Filecoin ha raggiunto una significativa capitalizzazione di mercato, posizionandosi tra le prime criptovalute globali. FIL, il token nativo del progetto, è utilizzato per premiare i miner e per pagare i costi di archiviazione dei dati all'interno della rete. La capitalizzazione di mercato di Filecoin continua a crescere, supportata dalla forte domanda di spazio di archiviazione e dalla fiducia crescente della comunità.

Nel momento attuale, il circolante di FIL è distribuito secondo un piano di emissione che prevede un aumento graduale dell'offerta. L'integrazione di nuovi miner e l'espansione della rete portano a un progressivo aumento della disponibilità di spazio di archiviazione, con un effetto positivo sul valore del token. La trasparenza del protocollo e l'andamento positivo del mercato contribuiscono a rendere Filecoin una delle criptovalute più promettenti per chi è alla ricerca di una soluzione di storage sicura e scalabile.

Opinione Personale e Riflessione

Filecoin rappresenta una delle soluzioni più promettenti nel campo dell'archiviazione decentralizzata. La sua proposta non è solo interessante dal punto di vista tecnico, ma risponde anche a un'esigenza crescente di protezione della privacy e sicurezza dei dati. In un'era in cui i dati sono diventati una risorsa fondamentale, la possibilità di avere una rete sicura, economica e decentralizzata per la loro archiviazione è cruciale. Filecoin offre una valida alternativa ai provider centralizzati, che troppo spesso possono essere vulnerabili o agire in conflitto con gli interessi degli utenti.

La sua capacità di scalare e di ridurre i costi di archiviazione lo rende una scelta attraente per chiunque abbia bisogno di una soluzione sicura e conveniente. Inoltre, con la sua comunità in espansione e l'approccio innovativo, Filecoin ha tutte le carte in regola per essere un protagonista nel futuro del cloud storage. L'adozione da parte di grandi aziende e sviluppatori è un chiaro segno della fiducia che questo progetto sta guadagnando nel mercato.

Sito Ufficiale

Per maggiori dettagli, aggiornamenti e documentazione tecnica su Filecoin, puoi visitare il sito ufficiale: *https://filecoin.io.*

Artificial Superintelligence Alliance (FET): Una Rivoluzione nella Decentralizzazione dell'Intelligenza Artificiale

Nel panorama sempre più complesso delle criptovalute e delle tecnologie emergenti, Artificial Superintelligence Alliance (FET) si presenta come un progetto all'avanguardia, volto a combinare l'intelligenza artificiale (AI) con la blockchain. FET punta a risolvere alcune delle sfide più complesse del settore, come la centralizzazione dei dati e l'accesso limitato all'AI per sviluppatori e imprese. Ma cosa significa tutto ciò per un principiante? In termini semplici, FET è una rete decentralizzata che mira a democratizzare l'accesso e l'uso delle risorse legate all'intelligenza artificiale, consentendo a chiunque di partecipare a questo ecosistema evoluto, riducendo il divario tra chi ha accesso a potenti strumenti di AI e chi non lo ha.

Approfondimento Tecnico

Artificial Superintelligence Alliance si basa su un'infrastruttura blockchain che integra la potenza dell'intelligenza artificiale per permettere lo sviluppo di AI decentralizzate. FET funziona tramite un meccanismo di staking, dove i partecipanti possono "bloccare" i loro token per accedere a risorse computazionali di AI, contribuendo al sistema e ottenendo in cambio ricompense. Questa architettura consente a sviluppatori, ricercatori e imprese di interagire con AI avanzate senza dover sostenere i costi elevati tipici delle soluzioni centralizzate.

Una delle caratteristiche tecniche distintive di FET è l'uso di machine learning distribuito, che permette ai nodi della rete di allenare e migliorare autonomamente modelli di intelligenza artificiale. Ciò consente alla rete di evolversi continuamente, alimentata dalla partecipazione della comunità. Inoltre, FET impiega una prova di utilità (Proof of Useful Work), un innovativo sistema di consenso che premia chi contribuisce effettivamente alla rete con calcoli significativi, piuttosto che con la semplice produzione di blocchi, come avviene con altre criptovalute.

Scopo e Funzione

Lo scopo primario di FET è quello di promuovere l'equità nell'accesso alle risorse di AI, abbattendo le barriere economiche e tecniche che attualmente limitano l'uso delle tecnologie più avanzate. Il sistema consente a chiunque di partecipare alla rete, trasformando ogni nodo in una risorsa potenziale per il calcolo e la distribuzione dei dati necessari per alimentare l'intelligenza artificiale. In pratica, FET facilita l'interazione con AI sofisticate a livello globale, pur mantenendo i principi di decentralizzazione e trasparenza che caratterizzano la blockchain.

Contesto Storico e Visione di Mercato

FET nasce nel contesto di un'evoluzione tecnologica che punta sempre più sulla decentralizzazione. Inizialmente, l'intelligenza artificiale è stata dominata da grandi attori centralizzati, come Google e Amazon, che possedevano le risorse per sviluppare e gestire soluzioni AI avanzate. Tuttavia, nel corso degli anni, è emersa la necessità di un ecosistema che consentisse a una rete globale di attori di contribuire e beneficiare delle potenzialità dell'AI. FET si inserisce in questo contesto come uno dei primi tentativi concreti di portare l'AI nel mondo decentralizzato, alla portata di tutti.

Nel panorama delle criptovalute, FET si distingue per il suo approccio orientato alla funzionalità piuttosto che alla speculazione. Mentre molte criptovalute si concentrano principalmente sull'aspetto monetario, FET propone un modello che fa leva sull'uso concreto della tecnologia per la creazione di valore, riducendo al minimo il rischio di fluttuazioni speculative.

Capitalizzazione di Mercato e Circolante

Ad oggi, la capitalizzazione di mercato di FET si attesta intorno ai 500 milioni di dollari, con un'offerta totale di 1,2 miliardi di token. Tuttavia, una parte significativa di questi token è ancora riservata per staking, incentivando gli utenti a partecipare attivamente alla rete. Il prezzo di FET ha mostrato una crescita costante, ma meno volatile rispetto ad altre criptovalute, segno della maturità del progetto e del suo approccio più funzionale. In generale, la capitalizzazione di FET riflette il crescente interesse nel suo ecosistema, alimentato dalla domanda di soluzioni di AI decentralizzate e dal forte impegno della comunità di sviluppatori.

Opinione Personale e Riflessione

FET rappresenta una delle criptovalute più promettenti in un settore che continua a crescere a ritmi impressionanti. Personalmente, credo che il progetto abbia il potenziale per rivoluzionare il modo in cui interagiamo con l'intelligenza artificiale. La decentralizzazione dei processi AI è una mossa strategica fondamentale, poiché consente di democratizzare l'accesso a questa tecnologia, favorendo innovazione e concorrenza. Inoltre, il meccanismo di consenso basato sulla "prova di utilità" è una vera novità, che potrebbe avere applicazioni ben oltre il mondo delle criptovalute.

Il progetto si distingue anche per l'approccio sostenibile e orientato all'uso concreto della tecnologia. Sebbene il mercato delle criptovalute sia ancora volatile e in fase di sviluppo, FET sembra ben posizionato per affrontare le sfide del futuro, puntando non solo alla creazione di valore economico, ma anche alla realizzazione di un ecosistema più equo e funzionale. L'adozione crescente di FET da parte di sviluppatori e aziende dimostra la fiducia che il mercato ha riposto in questo progetto.

Sito Ufficiale
Per chi desidera approfondire ulteriormente Artificial Superintelligence Alliance e scoprire le ultime novità, è possibile visitare il sito ufficiale del progetto: *https://www.fetch.ai*.

Render (RNDR): la potenza della computazione decentralizzata al servizio della creatività

Render (RNDR) è un progetto che sta emergendo come uno dei più promettenti nel panorama delle criptovalute e delle piattaforme decentralizzate. Nato con l'obiettivo di trasformare il modo in cui la potenza di calcolo viene utilizzata nel settore della grafica digitale e delle tecnologie immersive, Render sfrutta la blockchain per decentralizzare il processo di rendering. Con un approccio innovativo, Render consente a creatori di contenuti e sviluppatori di sfruttare una rete globale di computer per eseguire rendering grafici a costi molto inferiori rispetto alle soluzioni tradizionali, e con una maggiore velocità.

In un mondo sempre più digitalizzato, dove la grafica e i contenuti visivi giocano un ruolo cruciale, Render potrebbe essere il motore che alimenta la creatività e l'innovazione tecnologica nel futuro prossimo.

Approfondimento Tecnico

Render non è solo una piattaforma per il rendering decentralizzato; è un ecosistema che sfrutta la blockchain per ridurre drasticamente i costi di calcolo e migliorare l'efficienza nell'elaborazione di contenuti visivi complessi. Il progetto funziona grazie a un token nativo, RNDR, utilizzato per incentivare i partecipanti alla rete, che offrono la loro potenza di calcolo in cambio di token.

La rete è composta da "node operators", ossia utenti che mettono a disposizione i propri dispositivi per eseguire le operazioni di rendering, e "creators", che sono coloro che inviano i loro progetti grafici per essere renderizzati. Il sistema è progettato per essere scalabile e altamente efficiente, eliminando la necessità di infrastrutture centralizzate costose e rendendo il processo di rendering accessibile anche a chi non dispone di hardware potente.

Una delle principali innovazioni di Render è l'integrazione con piattaforme come Blender e Unreal Engine, offrendo agli utenti la possibilità di usufruire di calcoli altamente complessi senza dover investire in costosi server. In questo modo, la rete offre un'alternativa competitiva e a basso costo rispetto ai provider tradizionali di rendering, democratizzando l'accesso alle risorse necessarie per la creazione di contenuti visivi.

Scopo e Funzione

Lo scopo principale di Render è quello di democratizzare l'accesso alla potenza di calcolo per il rendering grafico, creando una piattaforma che consenta a chiunque, dai creatori indipendenti agli studi professionali, di utilizzare risorse di calcolo decentralizzate e convenienti. Render punta a risolvere i problemi legati ai costi elevati delle infrastrutture centralizzate e all'accesso limitato alla tecnologia di rendering, permettendo una vasta gamma di applicazioni, dalle animazioni 3D alla realtà virtuale e aumentata.

L'obiettivo del progetto è creare una rete che, nel tempo, possa supportare l'evoluzione della realtà virtuale, dei giochi e delle esperienze immersive, consentendo la generazione di contenuti sempre più complessi e realistici.

Contesto Storico e Visione di Mercato

Render è nato in un contesto in cui il settore della grafica digitale stava affrontando una domanda sempre crescente di potenza di calcolo. In particolare, l'ascesa di nuove tecnologie come la realtà aumentata e la realtà virtuale ha messo in evidenza le lacune nell'accesso e nel costo delle risorse computazionali necessarie per creare esperienze coinvolgenti. Il progetto si inserisce quindi in un mercato in espansione, con applicazioni in ambiti come l'intrattenimento, la pubblicità, e l'educazione.

La visione di Render per il futuro è quella di diventare il punto di riferimento per il rendering decentralizzato, espandendosi oltre la grafica tradizionale e cercando di integrare la piattaforma in settori emergenti come l'intelligenza artificiale e la simulazione. A lungo termine, il progetto ambisce a costruire una rete globale e altamente scalabile, in grado di rispondere alle esigenze del settore digitale nei decenni a venire.

Capitalizzazione di mercato e Circolante

Render (RNDR) ha visto una crescita notevole da quando è stato lanciato, con una capitalizzazione di mercato che, seppur variabile, ha raggiunto livelli significativi nelle fasi più recenti. Al momento, RNDR è un token con un'offerta circolante ben definita e un sistema di emissione che bilancia la domanda di risorse computazionali con l'offerta di potenza di calcolo nella rete. L'adozione del token RNDR è stata facilitata dalla partnership con piattaforme leader nel settore della grafica, come Blender, aumentando il suo valore e la sua utilità nel tempo.

I dati più aggiornati sulla capitalizzazione di mercato e sull'offerta circolante possono essere consultati direttamente sul sito ufficiale di Render, dove vengono pubblicate regolarmente informazioni precise sullo stato del progetto e sul valore dei token.

Opinione Personale e Riflessione

Render rappresenta una delle innovazioni più promettenti nell'ambito delle criptovalute applicate alla grafica digitale. La sua proposta, che combina l'efficienza della blockchain con la crescente domanda di potenza di calcolo, è un chiaro esempio di come la tecnologia possa rivoluzionare l'intero settore creativo. La piattaforma non solo offre soluzioni più economiche e scalabili per il rendering, ma apre la strada a nuove opportunità per i creatori di contenuti, abbattendo le barriere d'ingresso per chiunque voglia cimentarsi nella creazione di esperienze digitali immersive.

Sebbene Render sia ancora in fase di espansione, la sua capacità di rispondere a esigenze concrete di un mercato in rapida crescita potrebbe garantirgli un ruolo centrale nelle tecnologie future, dalla realtà virtuale all'intelligenza artificiale. Chi ha visione per l'innovazione nel settore della grafica digitale potrebbe considerare RNDR come un asset promettente su cui investire.

Sito Ufficiale

Per informazioni più dettagliate e aggiornamenti sul progetto Render, ti invito a visitare il sito ufficiale di Render: *https://rendernetwork.com*. Troverai tutte le informazioni necessarie sulla piattaforma, il token

RNDR e le opportunità che Render offre ai creatori di contenuti e agli sviluppatori.

Arbitrum (ARB): Scalabilità e Futuro della Blockchain su Ethereum

Arbitrum è una soluzione di scaling di seconda layer per la blockchain di Ethereum, progettata per migliorare la velocità e l'efficienza delle transazioni, riducendo i costi di gas e aumentando la capacità di elaborazione. A causa delle limitazioni di Ethereum in termini di throughput, Arbitrum rappresenta una risposta innovativa alla crescente domanda di scalabilità, offrendo una piattaforma su cui è possibile eseguire smart contract in modo rapido e sicuro, mantenendo la sicurezza e la decentralizzazione di Ethereum.

Questa tecnologia si inserisce nel contesto delle blockchain di "secondo livello" che, lavorando sopra la rete principale, ottimizzano l'elaborazione delle transazioni. In un mondo in cui la blockchain sta evolvendo rapidamente, Arbitrum è destinato a giocare un ruolo cruciale nel supportare un ecosistema Ethereum sempre più affollato, permettendo a sviluppatori e utenti di sfruttare pienamente le potenzialità della tecnologia blockchain.

Approfondimento Tecnico

Arbitrum adotta la tecnologia "Optimistic Rollup" per migliorare la scalabilità di Ethereum. I rollup sono una soluzione di secondo livello che esegue transazioni fuori dalla blockchain principale (off-chain), per poi raggrupparle e pubblicarle in blocchi sulla chain principale. Con Arbitrum, questo processo avviene in modo ottimizzato: il sistema assume che le transazioni siano corrette (da cui il termine "optimistic"), ma offre un meccanismo di contestazione che permette agli utenti di fornire prove della validità delle transazioni in caso di dubbi. Il vantaggio principale di Arbitrum risiede nella sua capacità di gestire transazioni più veloci ed economiche, poiché riduce il carico sulla blockchain di Ethereum. Con questa architettura, la rete può elaborare centinaia di transazioni al secondo (TPS) rispetto ai pochi che Ethereum riesce a gestire nativamente. Inoltre, Arbitrum garantisce una piena compatibilità con gli smart contract di Ethereum, offrendo agli sviluppatori una transizione fluida senza necessità di scrivere codice specifico per la rete.

Altri dettagli tecnici di Arbitrum includono l'uso di un sistema di "fraud proofs", che permette a chiunque di contestare una transazione sospetta sulla base di prove matematiche. Questo meccanismo assicura che le operazioni siano corrette e sicure, senza compromettere la velocità e la scalabilità.

Scopo e Funzione

Lo scopo principale di Arbitrum è quello di fornire una soluzione di scaling per Ethereum, riducendo la congestione della rete principale e abbassando i costi per gli utenti. Con l'espansione della DeFi, dei giochi blockchain e degli NFT, l'adozione di soluzioni scalabili è diventata una necessità. Arbitrum risponde a questa esigenza, offrendo una piattaforma che può ospitare applicazioni decentralizzate (dApp) in modo più efficiente.

La funzione principale di Arbitrum è, quindi, quella di fungere da "ponte" tra l'ecosistema Ethereum e il mondo delle transazioni ad alta velocità, consentendo alle applicazioni di operare senza i limiti imposti dalla congestione della rete principale. In questo modo, le dApp basate su Ethereum possono beneficiare di costi di transazione significativamente più bassi e tempi di risposta ridotti.

Contesto Storico e Visione di Mercato

Arbitrum è stato sviluppato da Offchain Labs, una startup focalizzata sul miglioramento delle prestazioni della blockchain Ethereum. Lanciato nel 2021, Arbitrum è stato uno dei primi rollup ottimistici a guadagnare una vasta adozione. La sua nascita è avvenuta in risposta alle preoccupazioni sulla scalabilità di Ethereum, che già dal 2017 manifestava evidenti difficoltà a gestire un numero crescente di transazioni, con il gas che aumentava e i blocchi che si riempivano velocemente.

L'ingresso di Arbitrum nel mercato ha coinciso con una crescente necessità di soluzioni che permettessero la massima scalabilità senza sacrificare la sicurezza. Il progetto si inserisce nel panorama di altri progetti di scaling, come Optimism e zkSync, ma si distingue per la sua compatibilità con Ethereum e per l'adozione di una soluzione relativamente semplice ma potente come gli Optimistic Rollups.

Nel lungo termine, Arbitrum potrebbe diventare un pilastro fondamentale per Ethereum, contribuendo ad accelerare l'adozione di dApp, migliorando la sostenibilità della blockchain e abbattendo le barriere economiche per gli utenti e i sviluppatori.

Capitalizzazione di mercato e Circolante

Secondo i dati più recenti, la capitalizzazione di mercato di Arbitrum è in continua crescita, il che testimonia l'interesse crescente degli investitori e degli sviluppatori verso il progetto. Arbitrum ha attratto decine di milioni di dollari in investimenti e ha una base di utenti in espansione. L'adozione dei suoi token, ARB, è in continuo aumento e la rete sta vedendo un forte flusso di transazioni, che la rende una delle soluzioni più promettenti per la scalabilità. La circolazione dei token ARB è strettamente legata all'utilizzo della piattaforma. I possessori di ARB possono partecipare alla governance della rete, proponendo modifiche e contribuendo alle decisioni chiave per il futuro di Arbitrum. Questo modello di governance decentralizzata, che consente alla comunità di partecipare attivamente al processo decisionale, è un altro fattore che favorisce la crescita e l'adozione di Arbitrum.

Opinione Personale e Riflessione

Arbitrum rappresenta senza dubbio una delle soluzioni più promettenti nel panorama della blockchain, soprattutto per la sua compatibilità con Ethereum e per il modo in cui risolve il problema della scalabilità senza compromettere la sicurezza e la decentralizzazione. Con l'evoluzione della DeFi e l'aumento della domanda di transazioni rapide e poco costose, Arbitrum sembra ben posizionato per capitalizzare su queste tendenze.

Tuttavia, il futuro di Arbitrum dipende molto dalla sua capacità di mantenere la competitività con altri rollups e soluzioni alternative, come i zk-Rollups, che potrebbero offrire vantaggi in termini di efficienza e costi. Nonostante ciò, il team di Arbitrum ha mostrato grande impegno nell'innovazione, e la crescente adozione della piattaforma suggerisce che siamo solo all'inizio di una lunga evoluzione.

In definitiva, il potenziale di Arbitrum è enorme e, se continuerà su questa strada, potrebbe davvero cambiare le regole del gioco nel mondo delle blockchain scalabili.

Sito Ufficiale

Per maggiori dettagli, aggiornamenti e risorse ufficiali su Arbitrum, è possibile consultare il sito web ufficiale di Arbitrum: *https://www.arbitrum.io*.

Algorand (ALGO): La Blockchain Scalabile per il Futuro della Finanza

Algorand è una delle blockchain più innovative degli ultimi anni, progettata per risolvere i problemi di scalabilità che affliggono molte delle principali piattaforme blockchain. Con un sistema di consenso unico, Algorand è in grado di garantire transazioni veloci, sicure e ad alta capacità, superando le limitazioni di Bitcoin ed Ethereum. La sua tecnologia consente l'elaborazione di migliaia di transazioni al secondo (TPS), con tempi di conferma rapidi, facendo di Algorand una scelta ideale per applicazioni che richiedono alta performance e un'adozione su larga scala.

Approfondimento Tecnico

Algorand utilizza un meccanismo di consenso chiamato Pure Proof of Stake (PPoS), un'evoluzione del tradizionale Proof of Stake. Questo modello consente a chiunque possieda token ALGO di partecipare alla governance della rete senza necessità di attrezzature costose per il mining. La sicurezza della rete è garantita dalla selezione casuale dei partecipanti, il che elimina il rischio di attacchi Sybil. Inoltre, la blockchain di Algorand è progettata per supportare la creazione di smart contract complessi, con una velocità e un'efficienza che la rendono adatta per soluzioni di pagamento globale, gestione della supply chain, e molto altro.

Il meccanismo di consenso di Algorand ha diversi vantaggi rispetto ad altri protocolli. Non solo consente una velocità di transazione senza pari, ma offre anche una maggiore decentralizzazione e resistenza alla censura. Il sistema si basa su un unico livello, evitando la necessità di soluzioni di second-layer, come nel caso di Ethereum, riducendo i costi e semplificando l'architettura della rete.

Scopo e funzione

Il principale scopo di Algorand è quello di creare una piattaforma che possa ospitare una varietà di applicazioni decentralizzate (dApp) con un alto livello di efficienza e senza compromettere la sicurezza. A differenza di altre blockchain, Algorand punta a garantire che la rete possa gestire una quantità crescente di transazioni man mano che adotta più utenti, senza rallentamenti o costi aggiuntivi. Questo lo rende una scelta fondamentale per applicazioni finanziarie, contratti intelligenti, e sistemi di pagamento globali. Inoltre, grazie alla sua bassa latenza e all'efficienza energetica, Algorand sta acquisendo popolarità anche nel campo delle criptovalute come piattaforma di supporto per tokenizzazione e altre soluzioni fintech.

Contesto Storico e Visione di Mercato

Algorand è stato creato nel 2017 da Silvio Micali, un matematico premiato con il Turing Award, ed è nato con l'intento di risolvere le limitazioni che altre blockchain non erano riuscite a superare, come la trilemma della blockchain (sicurezza, scalabilità e decentralizzazione). Micali e il suo team hanno progettato Algorand per essere una piattaforma che potesse rispondere alle esigenze del mercato delle criptovalute in continua espansione, cercando di fare evolvere il settore verso una soluzione più praticabile per l'adozione mainstream.

Oggi, Algorand è diventato un punto di riferimento nel panorama blockchain, sostenuto da un'infrastruttura solida e da un modello economico che incoraggia la partecipazione attiva degli utenti, garantendo un'adozione su larga scala. Con applicazioni in settori diversi come la finanza, la supply chain, e persino il voto elettronico, Algorand sta rapidamente costruendo una solida base di partner e sostenitori.

Capitalizzazione di mercato e Circolante

Come di consueto, la capitalizzazione di mercato di una criptovaluta è un indicatore chiave della sua adozione e della fiducia che il pubblico ha nel suo valore. Attualmente, Algorand si posiziona tra le prime criptovalute per capitalizzazione di mercato, con un valore che fluttua, ma tende ad essere in costante crescita. Al momento, la capitalizzazione di mercato di ALGO si aggira intorno ai $10 miliardi, con un circolante di circa 6,9 miliardi di token. Questi numeri riflettono una crescita solida e la fiducia che la community ha nel potenziale della rete. Algorand continua a essere uno degli asset digitali più attraenti per gli investitori a lungo termine, grazie alla sua architettura scalabile e alla posizione nel panorama delle blockchain.

Inoltre, il sistema di governance di Algorand consente ai possessori di ALGO di partecipare attivamente nelle decisioni che influenzano il futuro della rete. Questo modello decentralizzato assicura che gli utenti abbiano voce in capitolo su aggiornamenti e modifiche critiche alla piattaforma, stimolando un coinvolgimento continuo e diffuso.

Opinione Personale e Riflessione

Dal mio punto di vista, Algorand rappresenta un'opportunità interessante nel panorama delle criptovalute. La sua tecnologia è tra le più avanzate, e la promessa di risolvere i problemi di scalabilità che affliggono molte altre blockchain è davvero entusiasmante. La capacità di supportare migliaia di transazioni al secondo con costi contenuti e tempi di conferma rapidi è un vantaggio competitivo che non può essere sottovalutato.

Tuttavia, è importante essere cauti: nonostante i numeri impressionanti e la robustezza tecnologica, Algorand dovrà affrontare una concorrenza crescente, in particolare da parte di piattaforme come Ethereum 2.0 e Solana. L'evoluzione del mercato delle criptovalute è rapida, e ciò che oggi è all'avanguardia potrebbe essere superato domani. Detto ciò, il forte supporto della comunità e l'impegno continuo nel miglioramento delle capacità della rete rendono Algorand un asset interessante per coloro che credono nel futuro delle blockchain scalabili.

Sito Ufficiale

Per maggiori informazioni su Algorand, sulle sue funzionalità e sulla sua architettura, ti invito a visitare il sito ufficiale di Algorand *www.algorand.com*. Qui troverai ulteriori dettagli sul protocollo, gli aggiornamenti sulla rete e le ultime novità.

Kaspa (KAS): Innovazione e Velocità nella Blockchain del Futuro

Kaspa (KAS) è una criptovaluta che sta guadagnando attenzione nel mondo della blockchain per la sua capacità unica di combinare velocità, scalabilità e sicurezza. Grazie all'architettura BlockDAG (Directed Acyclic Graph), Kaspa si distingue dalle tradizionali blockchain come Bitcoin ed Ethereum, offrendo un'alternativa innovativa che supera alcune delle limitazioni più comuni delle tecnologie blockchain tradizionali. La vera forza di Kaspa risiede nella sua velocità di transazione, nella bassa latenza e nei costi di commissione ridotti, rendendola ideale per l'adozione di massa.

Approfondimento Tecnico

Kaspa utilizza il sistema BlockDAG, che consente una maggiore efficienza rispetto alle blockchain lineari. A differenza di Bitcoin ed Ethereum, che registrano le transazioni in blocchi sequenziali, Kaspa organizza le transazioni in una struttura parallela. Questa architettura permette una scalabilità praticamente illimitata, con tempi di conferma delle transazioni che si riducono drasticamente rispetto ai sistemi tradizionali. L'assenza di un blocco centrale rende la rete più robusta e veloce, riducendo il rischio di congestionamento e aumentando la capacità di elaborazione delle transazioni in tempo reale.

L'algoritmo di consenso di Kaspa, chiamato GhostDAG, unisce il meglio dei protocolli Proof-of-Work (PoW) e delle tecnologie BlockDAG, garantendo sicurezza e decentralizzazione. Questo approccio innovativo rende la rete estremamente resistente agli attacchi e alle manipolazioni, ma anche molto efficiente in termini di consumo energetico rispetto alle blockchain tradizionali.

Scopo e Funzione

Lo scopo di Kaspa è quello di risolvere due dei problemi principali che affliggono le blockchain tradizionali: la scalabilità e la velocità. Con il suo approccio BlockDAG, Kaspa non solo aumenta la velocità delle transazioni, ma abbassa anche i costi associati alle stesse, rendendo la rete ideale per l'adozione di massa nel mondo delle criptovalute. Kaspa si propone come una piattaforma che possa supportare milioni di transazioni al secondo, senza compromettere la sicurezza, un obiettivo che la differenzia nettamente da altri progetti di blockchain.

Contesto Storico e Visione di Mercato

Kaspa è stato lanciato nel 2018, ma la sua architettura BlockDAG lo ha reso più rilevante negli ultimi anni, grazie alla crescente domanda di soluzioni blockchain scalabili e rapide. Mentre altre blockchain come Bitcoin e Ethereum sono ancora bloccate da limitazioni di scalabilità, Kaspa ha avuto successo nel conquistare una nicchia di sviluppatori e appassionati che cercano una rete più efficiente e veloce per applicazioni e transazioni quotidiane.

Nel panorama globale delle criptovalute, Kaspa si colloca come una delle soluzioni più promettenti per affrontare la sfida della scalabilità. Con l'adozione di nuove tecnologie, il progetto si sta gradualmente guadagnando il supporto della comunità e degli sviluppatori, e la sua crescita potrebbe portarlo a un ruolo di rilievo nel settore.

Capitalizzazione di Mercato e Circolante

Al momento, Kaspa ha una capitalizzazione di mercato in rapida crescita, sebbene ancora inferiore rispetto ai giganti del settore come Bitcoin ed Ethereum. Tuttavia, la sua adozione crescente e l'interesse degli investitori stanno spingendo il valore del token KAS verso l'alto. La moneta KAS è progettata per essere emessa in modo controllato e sostenibile, con un sistema che premia i miner per il loro contributo alla sicurezza della rete.

La quantità totale di KAS in circolazione è in costante aumento, con un piano di emissione che prevede la distribuzione di nuovi token nei prossimi anni. La governance di Kaspa si basa sulla decentralizzazione, permettendo a chiunque di partecipare al processo decisionale e garantendo un ambiente trasparente e democratico per tutti gli utenti.

Opinione Personale e Riflessione

Kaspa rappresenta una proposta innovativa nel campo delle criptovalute, con un'architettura che affronta direttamente i problemi di scalabilità che affliggono la maggior parte delle blockchain. La velocità e l'efficienza della rete sono senza dubbio tra le sue caratteristiche distintive, e ciò la rende una delle criptovalute più promettenti per il futuro. Tuttavia, come ogni tecnologia emergente, Kaspa dovrà affrontare sfide significative in termini di adozione da parte degli sviluppatori e degli utenti, e dovrà dimostrare di poter mantenere la sua competitività nel lungo termine.

Nel complesso, sono ottimista sul futuro di Kaspa. Con la sua proposta unica e il continuo sviluppo della sua rete, potrebbe rivelarsi una delle blockchain più solide e affidabili negli anni a venire. Tuttavia, per raggiungere il pieno potenziale, sarà fondamentale che il progetto continui a innovare e a guadagnarsi la fiducia del mercato.

Sito Ufficiale

Per maggiori informazioni su Kaspa, puoi visitare il sito ufficiale del progetto: *https://kaspa.org*. Qui troverai tutte le risorse necessarie per approfondire le caratteristiche tecniche, la roadmap del progetto e gli aggiornamenti sullo sviluppo della rete.

Stacks (STX): Blockchain di Secondo Livello per Bitcoin

Stacks (STX) è una blockchain progettata per portare funzionalità smart contract e applicazioni decentralizzate (dApp) alla rete Bitcoin, mantenendo al contempo la sicurezza e la robustezza di Bitcoin stesso. Mentre altre blockchain come Ethereum cercano di espandere le proprie capacità, Stacks si differenzia per l'integrazione diretta con Bitcoin, garantendo una solidità unica. Con Stacks, non solo gli sviluppatori possono creare dApp, ma possono farlo sfruttando l'integrità e la sicurezza della rete Bitcoin. Stacks offre anche la possibilità di utilizzare il suo token nativo STX per alimentare operazioni e transazioni sulla rete.

Approfondimento Tecnico

A livello tecnico, Stacks si basa su un modello innovativo chiamato Proof of Transfer (PoX), che non utilizza la tradizionale Proof of Work (PoW) o Proof of Stake (PoS). PoX consente a Stacks di ancorare la sua blockchain alla rete Bitcoin tramite il trasferimento di Bitcoin, mantenendo una connessione diretta con la principale blockchain di criptovaluta.

Questa modalità offre vantaggi significativi in termini di sicurezza, in quanto ogni transazione su Stacks beneficia della solida protezione offerta da Bitcoin. Stacks sfrutta anche una tecnica chiamata Clarity, un linguaggio di smart contract che riduce al minimo i rischi associati agli smart contract tradizionali, rendendo le transazioni più sicure e prevedibili. Gli sviluppatori possono quindi creare applicazioni senza preoccupazioni legate alla sicurezza e al malfunzionamento degli smart contract.

Scopo e Funzione

L'obiettivo principale di Stacks è quello di estendere le capacità di Bitcoin, senza modificare il suo codice base. A differenza di altre piattaforme, Stacks non cerca di sostituire Bitcoin, ma piuttosto di sfruttarlo come una risorsa fondamentale per una nuova generazione di applicazioni decentralizzate. Questo approccio unisce il meglio delle due tecnologie: la sicurezza di Bitcoin e la flessibilità di una blockchain di secondo livello.

Stacks vuole diventare il punto di riferimento per le applicazioni che desiderano usufruire della sicurezza di Bitcoin e della scalabilità di soluzioni più rapide come Ethereum o Solana. Con Stacks, gli utenti possono lanciare NFT, creare Fintech dApp o finanziamenti decentralizzati, mantenendo una sicurezza all'altezza degli standard di Bitcoin.

Contesto Storico e Visione di Mercato

Nel contesto delle blockchain, la proposta di Stacks si distingue per il suo approccio unico. Lanciata originariamente nel 2017 sotto il nome di Blockstack, la piattaforma ha subito una trasformazione importante, arrivando alla sua attuale configurazione nel 2020. Sebbene Bitcoin sia stato inizialmente progettato come una riserva di valore, l'ecosistema delle blockchain ha visto un'esplosione di dApp, smart contract e altre tecnologie, spingendo il team di Stacks a spingere per l'adozione di Bitcoin come la blockchain "di sicurezza" per nuove soluzioni decentralizzate.

La visione di mercato di Stacks si concentra sull'espandere l'uso di Bitcoin in nuove applicazioni, accrescendo la sua utilità al di là della semplice transazione di valore. Con il crescente interesse per le applicazioni decentralizzate e l'emergere di nuovi trend come DeFi e NFT, Stacks si sta ritagliando una nicchia unica che punta alla crescita di un intero ecosistema sopra la rete Bitcoin.

Capitalizzazione di Mercato e Circolante

Stacks (STX) ha visto una crescita costante nella sua capitalizzazione di mercato e nel circolante. Secondo i dati più recenti, la capitalizzazione di mercato di Stacks supera i $2 miliardi, con un totale di circa 1,35 miliardi di STX in circolazione. Il meccanismo di consenso PoX consente agli utenti di "stackare" i propri STX, guadagnando Bitcoin in cambio di un supporto alle operazioni della rete, un elemento che incentiva la partecipazione attiva nella rete e aiuta a mantenere il valore di Stacks stabile nel tempo. Con l'aumento dell'adozione da parte degli sviluppatori e degli utenti, la sua capitalizzazione potrebbe continuare a crescere.

Opinione Personale e Riflessione

Stiamo vivendo un periodo di grande innovazione nel settore delle criptovalute, e Stacks rappresenta una delle proposte più interessanti e futuristiche. La possibilità di costruire su Bitcoin, mantenendo la sua sicurezza, è un punto di forza che non può essere ignorato. Ritengo che l'approccio di Stacks possa giocare un ruolo importante nel futuro della finanza decentralizzata (DeFi), degli NFT e delle dApp.

Inoltre, la creazione di un linguaggio di smart contract come Clarity offre una base solida per gli sviluppatori, eliminando uno degli ostacoli principali per il successo delle blockchain di nuova generazione. Con una forte community e un team di sviluppo dedicato, credo che Stacks sia destinato a continuare la sua crescita, sempre più al centro dell'innovazione tecnologica che vuole evolvere Bitcoin in un sistema ancora più completo.

Sito Ufficiale

Per maggiori informazioni su Stacks, il suo Whitepaper e le ultime novità, visita il sito ufficiale: *https://www.stacks.co*.

Cosmos (ATOM): Un Sistema Decentralizzato per l'Interoperabilità Blockchain

Nel mondo delle criptovalute, uno dei maggiori ostacoli è la difficoltà di comunicazione tra le varie blockchain. Proprio per risolvere questa problematica è nato Cosmos (ATOM), un ecosistema progettato per permettere a diverse blockchain di interagire tra loro in modo fluido e sicuro. Se Ethereum e Bitcoin sono tra le blockchain più conosciute, Cosmos si propone di superare le limitazioni di scalabilità e interoperabilità che affliggono queste piattaforme. Ma come funziona realmente Cosmos e perché sta guadagnando così tanto interesse nel settore delle criptovalute?

Approfondimento Tecnico

Cosmos si basa su un modello unico chiamato "Internet of Blockchains", il cui obiettivo è creare un ecosistema in cui blockchain diverse possano comunicare senza compromettere la sicurezza e l'efficienza. Al cuore di questo sistema troviamo il

Cosmos SDK, una piattaforma modulare che consente agli sviluppatori di creare blockchain personalizzate. Queste blockchain possono essere collegate tra loro attraverso il Cosmos Hub, che gestisce la comunicazione e la sincronizzazione tra di esse tramite il IBC (Inter-Blockchain Communication Protocol).

L'architettura di Cosmos si distingue per l'uso del Tendermint Core, un algoritmo di consenso BFT (Byzantine Fault Tolerance) che permette alle blockchain di operare in modo sicuro e scalabile. Grazie a questa struttura, Cosmos è in grado di offrire alte performance, bassa latenza e un'efficiente gestione delle risorse. La modularità del sistema e l'integrazione con il Cosmos Hub permette alle singole blockchain di operare in modo indipendente ma comunque connesso, creando un ecosistema dinamico e flessibile.

Scopo e Funzione

Il principale obiettivo di Cosmos è quello di risolvere il problema della scalabilità e interoperabilità tra blockchain. L'ecosistema Cosmos permette a ciascuna blockchain di mantenere la propria autonomia, senza la necessità di dover centralizzare i dati. Allo stesso tempo, consente la comunicazione con altre blockchain attraverso una rete sicura e ad alte prestazioni, evitando i problemi che si riscontrano su altre piattaforme che tentano di connettere diverse tecnologie blockchain in modo diretto.

Cosmos intende rendere il mondo delle criptovalute più accessibile e utile, facilitando lo sviluppo e l'adozione di applicazioni decentralizzate (dApp) in un ambiente multi-chain. Il token nativo di Cosmos, ATOM, svolge un ruolo centrale nella governance e nella sicurezza della rete, oltre a fungere da strumento per il pagamento delle commissioni di transazione tra le blockchain.

Contesto Storico e Visione di Mercato

Lanciato nel 2019, Cosmos è il risultato di una visione più lunga che risale al 2014, quando il progetto fu ideato da Jae Kwon e Ethan Buchman. Il loro obiettivo era quello di creare un protocollo che affrontasse direttamente le sfide della scalabilità e interoperabilità che limitavano altre blockchain, come Ethereum e Bitcoin. Dal suo lancio, Cosmos ha guadagnato una solida reputazione nel settore delle criptovalute, attirando sviluppatori e investitori interessati a un sistema che potesse effettivamente realizzare una rete di blockchain interconnesse.

Nel contesto attuale, la visione di Cosmos si inserisce in un mercato delle criptovalute in costante crescita, in cui la decentralizzazione e la scalabilità sono richieste sempre più impellenti. Soluzioni come quella proposta da Cosmos sono destinate a svolgere un ruolo cruciale, facilitando l'evoluzione di applicazioni decentralizzate a livello globale.

Capitalizzazione di mercato e Circolante

Nel 2024, Cosmos (ATOM) continua a dimostrare una capitalizzazione di mercato significativa, sebbene non si trovi tra le criptovalute top 5. Con una capitalizzazione che supera i 10 miliardi di dollari, Cosmos è uno dei progetti più solidi nel panorama delle blockchain interoperabili. Il circolante di ATOM è in continua evoluzione, con un ammontare che può essere regolato attraverso la governance della rete. La distribuzione di ATOM avviene principalmente attraverso un processo di staking, in cui i possessori di token possono "bloccare" i loro ATOM per supportare la sicurezza della rete e ottenere ricompense in cambio.

Opinione Personale e Riflessione

Dal mio punto di vista, Cosmos rappresenta una delle soluzioni più promettenti per il futuro delle blockchain. La sua capacità di abilitare la comunicazione tra diverse catene è fondamentale per superare le attuali limitazioni delle piattaforme tradizionali. Credo che, con l'evoluzione della sua tecnologia e l'espansione delle sue applicazioni, Cosmos potrebbe diventare una delle infrastrutture blockchain più rilevanti del prossimo futuro.
Nonostante una concorrenza agguerrita da parte di altre piattaforme come Polkadot e Ethereum 2.0, il modello di Cosmos, con la sua architettura modulare e il focus sull'interoperabilità, gli consente di differenziarsi e di proporsi come soluzione versatile per sviluppatori e aziende. In definitiva, ATOM potrebbe rappresentare una buona opportunità di investimento, soprattutto per chi crede nel lungo

termine e nell'evoluzione delle tecnologie blockchain interconnesse.

Sito Ufficiale

Per ulteriori informazioni, ti invito a visitare il sito ufficiale di Cosmos: *https://cosmos.network*, dove troverai dettagli più approfonditi sul progetto, la sua roadmap e le opportunità di partecipazione nella governance.

Fonti Bibliografiche e Riferimenti

Whitepaper e siti ufficiali di ogni singola criptovaluta

Epilogo

Mentre il mondo delle criptovalute continua ad evolversi, ci troviamo a un bivio cruciale: da una parte, l'incertezza, dall'altra, un'opportunità straordinaria di trasformare il nostro modo di concepire la finanza, l'economia e la nostra vita quotidiana. In questo viaggio che abbiamo intrapreso insieme, attraverso le pagine di questo libro, abbiamo visto come ogni criptovaluta e blockchain presenti abbia il suo ruolo specifico, un progetto con una visione, un obiettivo che va oltre la semplice valorizzazione del capitale.

Abbiamo esplorato le fondamenta di tecnologie che, anche se relativamente nuove, hanno già cominciato a riscrivere le regole del gioco globale. Dalle promesse di decentralizzazione all'efficienza delle transazioni, ogni progetto di criptovaluta porta con sé un insieme unico di sfide e potenzialità. Se c'è una cosa che emerge da questo percorso, è che il futuro è ancora tutto da scrivere. In un panorama in continua evoluzione, gli sviluppi tecnologici, le regolamentazioni e il mercato stesso continueranno a plasmarne le sorti.

Le criptovalute non sono più solo un fenomeno finanziario, ma un simbolo di un cambiamento radicale che permea ogni aspetto della nostra vita, dall'economia globale ai processi sociali. Comprendere come funziona questo ecosistema è la chiave per navigarlo con consapevolezza e prendere decisioni informate. Ma al di là dei numeri, dei grafici e dei trend, c'è una dimensione che non possiamo ignorare: la possibilità di partecipare a una rivoluzione che, nel tempo, cambierà il nostro modo di interagire con il denaro, con il valore, e con il mondo intero.

Questo libro non pretende di offrire tutte le risposte, ma di stimolare una riflessione più profonda sul futuro che ci aspetta. Non importa se sei un neofita del mondo cripto o un esperto di lunga data: ciò che conta è avere la consapevolezza che la tecnologia è qui per rimanere, e il nostro approccio ad essa definirà i prossimi decenni. Concludo questo viaggio con un invito: non smettere mai di esplorare, di imparare e di adattarti. Il futuro è un'opera in continuo cambiamento, e tutti noi possiamo essere i protagonisti di questa straordinaria evoluzione.

About The Author

Adriano Nicosia (1970) è autore di sette manuali tecnici sui mercati finanziari, tra cui: *I Grandi Traders, Elementi di Operatività Finanziaria, Elementi di analisi tecnica, Elementi di analisi fondamentale, Il metodo AVP, Psicologia applicata all'operatività finanziaria, Il mondo delle criptovalute più capitalizzate*, (pubblicati da Trading Bull Club ed Elementi Design, 2019).

Parallelamente alla sua carriera nell'ambito della finanza, si è dedicato alla narrativa, pubblicando quattro romanzi: *Cogli la rosa evita le spine* (A&B Edizioni, 2007-2010), *I misteri del saio* (A&B Edizioni, 2009), *Miti Tua* (A&B Edizioni, 2014) e *Argus. L'inizio* (A&B Edizioni, 2018).

Il romanzo *Cogli la rosa evita le spine* ha ricevuto nel 2009 un importante riconoscimento dal Ministero dei Beni Culturali - Direzione Generale Cinema, che lo ha dichiarato "Al valor culturale" nell'ambito di un progetto di finanziamento cinematografico. Questa storia è stata adattata in un lungometraggio intitolato *Un uomo nuovo*, in cui Adriano Nicosia ha ricoperto molteplici ruoli: attore, delegato direzionale della produzione e co-sceneggiatore.

Collana "I MERCATI FINANZIARI"

La collana I Mercati Finanziari raccoglie sette manuali tecnici dedicati agli aspetti chiave del mondo finanziario e del trading, offrendo strumenti e conoscenze utili sia ai neofiti sia agli esperti. Ogni volume affronta un tema specifico, guidando il lettore attraverso concetti fondamentali, analisi approfondite e strategie pratiche per navigare con successo nei mercati.

1. **I Grandi Traders**: un viaggio nelle esperienze, intuizioni e strategie dei più celebri protagonisti della storia e contemporanei, per trarne insegnamenti utili e applicabili.
2. **Elementi di Operatività Finanziaria**: una guida pratica agli strumenti, agli accorgimenti e a tutti quei particolari operativi per evitare errori, apparentemente banali, e per affrontare i mercati con consapevolezza e metodo.

3. **Elementi di analisi tecnica**: un manuale per comprendere e applicare i principi dell'analisi tecnica, utile per interpretare i grafici e identificare trend di mercato.
4. **Elementi di analisi fondamentale**: un'introduzione completa all'analisi fondamentale, per valutare il valore intrinseco di titoli e asset attraverso dati economici e aziendali.
5. **Il metodo AVP**: il cuore della collana, questo volume presenta una metodologia innovativa e sistematica per il trading, sviluppata dall'autore e adatta a diverse condizioni di mercato.
6. **Psicologia applicata all'operatività finanziaria**: un manuale che esplora le dinamiche psicologiche legate al trading, fornendo strumenti per gestire emozioni, stress e processi decisionali nei mercati.
7. **Il mondo delle criptovalute più capitalizzate**: un'analisi dettagliata delle principali criptovalute, con focus su

caratteristiche, potenzialità e rischi di un mercato in continua evoluzione.

Pubblicata da Trading Bull Club ed Elementi Design nel 2019, la collana si distingue per un approccio pratico e accessibile, ideale per chi desidera approfondire il funzionamento dei mercati finanziari con competenza e professionalità.

Books by this Author

Narrativa:

Cogli la Rosa, Evita le Spine

I Misteri del Saio

Miti Tua

Argus. L'inizio

Il mondo delle Criptovalute più capitalizzate

www.ingramcontent.com/pod-product-compliance
Lightning Source LLC
Chambersburg PA
CBHW071633220526
45469CB00002B/602